Über dieses Buch In 27 »Gebrauchstexten für den Alltag« spürt der provençalische Dichter Jean Giono jenen Verlusten nach, die der Fortschritt – diese »Atombombe der schwachsinnigen Argumentationen« – mit sich bringt. Gionos Betrachtungen zu Tendenzen der Zeit erscheinen als witzig-kämpferische Gegenrede wider exemplarischen Unfug, aber auch als leidenschaftliche Fürsprache für die scheinbar unzeitgemäßen einfachen Dinge und die ursprünglichen Gebärden des Menschlichen.

Giono bewundert Bäume und verabscheut Maschinen, er preist die Überlegenheit des Streichholzes gegenüber dem komplizierten Feuerzeug, und er prophezeit dem Auto, jenem großartigen Instrument der Fortbewegung und Inbegriff des technischen Fortschritts, in Kürze nurmehr das beste Mittel vollkommener Unbeweglichkeit zu sein.

Doch da Gionos Mahnungen nie nur die Bitterkeit zum Motiv haben, sondern immer auch die Hoffnung, daß Einsicht möglich sei, so ist auch dies letztlich ein trostreiches Buch.

Der Autor Jean Giono wurde 1895 in Monosque geboren und starb 1970 in seinem Geburtsort in der Provençe. Er war ein entschiedener Gegner der modernen Zivilisation und Technisierung und pries in seinen Romanen die Einheit von Menschlichem und Kreatürlichem, das erdverbundene Leben der Hirten, Bauern und Handwerker seiner Heimat. Wegen seiner konsequent pazifistischen Haltung während der deutschen Besatzung wurde Giono der Kollaboration verdächtigt und hatte von 1944 bis 1947 Publikationsverbot, wurde jedoch später rehabilitiert und 1954 in die Académie Goncourt gewählt.

Im Fischer Taschenbuch Verlag erschienen außerdem: ›Das Lied der Welt‹ (Bd. 5315), ›Der Berg der Stummen‹ (Bd. 5393), ›Die Geburt der Odyssee‹ (Bd. 5376), ›Vom wahren Reichtum‹ (Bd. 5974) und ›In Italien um glücklich zu sein‹ (Bd. 5493).

Jean Giono

Die Terrassen der Insel Elba

Aus dem Französischen von
Maria Dessauer

Fischer Taschenbuch Verlag

Ungekürzte Ausgabe
Veröffentlicht im Fischer Taschenbuch Verlag GmbH,
Frankfurt am Main, März 1989

Lizenzausgabe mit freundlicher Genehmigung
des Paul List Verlags GmbH & Co. KG, München
Die französische Originalausgabe erschien 1976
unter dem Titel ›Les terrasses de l'île d'Elbe‹
bei Gallimard, Paris

Umschlaggestaltung: Buchholz / Hinsch / Hensinger
unter Verwendung von
Camille Pissaro ›Landschaft um Chaponval‹, 1880
Druck und Bindung: Clausen & Bosse, Leck
Printed in Germany
ISBN 3-596-29232-2

DER COUNTDOWN

Seit die Mondreisen in Mode sind, weiß jeder, was ein Countdown ist. Er ist das 5, 4, 3, 2, 1, 0, das dem Start der Raketen vorausgeht. Ich weiß nicht, was (sicherlich ein böser Engel) mir einflüstert, daß dieses auf Null hin gerichtete Zählen sehr wohl die eigentliche Definition des Fortschritts sein könnte. Ich werde mich wohlweislich hüten, über diese Gottheit schlecht zu reden, die Monseigneur Dupanloup* in den einfältigen Seelen ersetzt hat und uns mit Kühlschränken, Transistoren, Waschmaschinen und anderen Automobilen überschüttet. Ich werde mich auch nicht so lächerlich machen, auf eine komplizierte Seele Anspruch zu erheben. Ich will lediglich eine persönliche, ganz prosaische Feststellung anführen, der ich im voraus jeden belehrenden Wert abspreche.

Ich muß in die Zeit zurückkehren, da ich mit Pfeifenrauchen anfing, was, ohne astronomisch zu sein, ein (für mich) verteufelt langer Rückblick ist. Das war, kurz gesagt, eine Zeit, in der es noch weder Autos, noch Filme, noch, selbstverständlich, Flugzeuge gab und absolut nichts von dem, was unsere sogenannte derzeitige Bequemlichkeit ausmacht. Es ist nicht meine Absicht, dies zu betonen, ich will lediglich sagen, daß ich, um jene Pfeife anzuzünden, Streichhölzer nahm. Heute mag das barbarisch erscheinen, aber es war ein praktisches und sparsames Mittel, sich Feuer zu verschaffen. Es genügte, in den erstbesten Tabakladen zu

* Monseigneur Dupanloup, 1802–1878, Bischof von Orleans, Chef der Catholiques libéraux, sprach sich gegen die Unfehlbarkeit des Papstes aus. (Anm. d. Verl.)

gehen, einen Sou hinzulegen, und in zwei Sekunden war man Besitzer einer Schachtel aus grauem Karton (somit einem leichten Gewicht für die Tasche) mit fünfzig Streichhölzern, die anfänglich phosphorhaltig waren (was eine gewisse Gefahr, die der Selbstentzündung, darstellte), bald darauf »amorph«, das heißt risikolos wurden. Alles war vollkommen.

Für den Fortschritt ist nichts vollkommen: das ist eine Wesensbestimmung. Man bemühte sich, diese Vollkommenheit zu vervollkommnen und erfand, oder richtiger, man holte es aus dem Bett, in dem es schlief, was auf dem Gebiet der Erfindung häufig der Fall ist – man erfand also das Feuerzeug. Es war dies, wohlverstanden, das Benzinfeuerzeug; man lebte damals in der ersten Zeit des Automobils und hätte am liebsten auch noch in der Küche Leichtbenzin verwendet (jedenfalls tat man es in Arzneien, Haarwaschmittel, Linimente usw.). Benzin war das nec plus ultra.

Es gehörte also zum guten Ton, ein Feuerzeug zu haben; allein die Rückständigen, die Vorgestrigen, kurz die Reaktionäre baten weiterhin das Streichholz um Feuer. Das Feuerzeug war aus Metall (die wertvollen Stücke waren sogar aus Gold) und recht schwer. Man mußte es mit Hilfe einer kleinen nässenden Phiole mit Benzin versehen; ehe man es ins Feuerzeug einfüllte, beschmierte man sich die Finger damit. Es sei denn, man war sehr geschickt, und das war nicht mein Fall. Dieses Benzin stank. Alle Augenblicke mußte man den Docht oder das gerändelte Rädchen, das den Feuerstein rieb, regulieren, kurz, anstelle der einstigen sehr einfachen und sehr bequemen Streichholzschachtel hatte man eine wahre kleine Fabrik. Für die leidenschaftlichen Mechaniker war das ideal, aber für diejenigen, die sich (wie ich) ständig fragen, welcher der Uhrzeigersinn ist, welche Folter! Ich wurde nicht damit fertig. Einmal war es das Benzin, das erschöpft war oder überlief, das andere Mal der Stein, der fehlte. Um diesen, nicht nur für mich, unliebsamen Begleiterscheinungen zu begegnen, war man mit einer ganzen Reparaturausrüstung gewappnet: zahlreich waren jene, die am Jackenrevers eine alte Krawattennadel trugen, ein, den Spezialisten zufolge, sehr nützliches Utensil, um den Docht hineinzuzwängen oder die Feuerpfanne zu reinigen; manche befürworteten es, immer den Kopf einer Zahnbürste bei sich zu haben, um das gerändelte Rädchen zu säubern; einige machten sich nie auf den Weg ohne eine kleine Phiole mit dem famosen Benzin, alle schließlich waren mit einem Röhrchen voll Reservefeuersteinen versehen. Um den Stein auszuwechseln, mußte man Schrauben losschrauben (mit Hilfe eines Taschenmessers), Federn anziehen, die den Fingern entglitten und die man auf allen vieren auf dem Trottoir suchte, kleine Zylinder aus Cereisen in winzige Löcher einführen, sich in der Öffentlichkeit einer wahrhaften Bastlergymnastik hingeben. Ich kenne welche, die ganze Sonntage damit zugebracht haben, ihr Feuerzeug für den Montag in Ordnung zu bringen (im Grunde war es das Automobil des kleinen Mannes, zumal nach dem, was ich um mich her sehe, die größte Freude, die ein Automobil dieser Tage verschaffen kann, darin besteht, es zu waschen und herauszuputzen).

Ich war nicht der einzige, der sich völlig umsonst anstrengte und nur jedes vierte Mal eine Flamme erhielt, denn wohlgesinnte Menschen bemühten sich, in Richtung Feuerzeug weiter zu gehen. Daher, aber erst nach Jahren schlechten Geruchs (der sich dem, was man rauchte, mitteilte) und ausgeklügelter Qualen, kam man zum Gasfeuerzeug.

Auf einen Streich beseitigte man Gastank und Docht: es war ein gelungener Streich! Blieb jedoch der Stein. Man mußte ihn immer noch von Zeit zu Zeit auswechseln und die obengenannten Schrecken durchmachen. Aber es ist wohl wahr, daß man dem Fortschritt blind vertrauen soll. Während man schimpfte, waren ihm die Gelehrten und Forscher auf der Spur. Sie haben den weißen Wolf nun eben aufgestöbert (nach gut vierzig Jahren). Es ist das Gasfeuerzeug, dessen Stein nicht erneuert wird: er ist dahin berechnet, so lange zu funktionieren, wie das Gas im Behälter reicht, das auch nicht erneuert wird. Wenn der Behälter leer ist, wirft man das Feuerzeug weg und kauft sich ein neues. Am Ende eines langen Umwegs ist man so wieder auf die Streichholzschachtel zurückgekommen. Der einzige Vorteil, den das Feuerzeug gegenüber der Steichholzschachtel haben konnte, bestand darin, daß es ein Gegenstand war, an dem man möglicherweise hing wegen seiner Schönheit, seines Andenkenwertes oder seines Goldgewichts (es gibt eben solche und solche). Durch viel Vervollkommnung ist es nun wieder zu dem geworden, was es zu ersetzen versucht hat. Es bleibt jedoch immer noch ein bißchen weniger praktisch als die Streichholzschachtel: diesbezüglich muß man sich noch etwas ins Zeug legen. Zum Beispiel: amorphen Phosphor ans Ende eines Stückchens Holz tun, usw.

Man hat den Film erfunden: er war stumm (großer Vorteil gegenüber dem Theater), dann ist es gelungen, ihn zum Sprechen zu bringen, ihm Dreidimensionalität zu geben, dann wird ein genialer Impresario erfinden, wie man die Schauspieler in Fleisch und Blut darbietet und das wird die größte Entdeckung der modernen Zeit sein. Bis man wieder mit dem Countdown beginnt.

Bleiben wir auf niedriger Höhe (wir werden im folgenden übrigens sehen, daß die vom Fortschritt erreichten höchsten Gipfel nur nach unserem Maßstab hohe Gipfel sind). Was gibt es Einfacheres als Stille. Um sie zu erhalten, genügt es zu schweigen, das ist leicht. Leicht gewiß, aber höllisch reaktionär. Man hat dieses System vervollkommnet, das heißt ihm seine völlig auf den Fortschritt hin ausgerichtete »moderne Bedeutung« verliehen. In den von jungen Leuten besuchten Kneipen gibt es Roboter, die ein Musik genanntes kontinuierliches Geräusch vollführen. Die Titel jedes dieser von Posaunen, Pistons, Trompeten, Trommeln, Zimbeln etc. produzierten besonderen Geräusche bilden eine Liste, eine Art Speisekarte, auf der man sich das gewünschte Geräusch aussuchen kann (die Geräusche haben im allgemeinen einen englischen oder amerikanischen Titel). Man schiebt eine Münze in einen Schlitz, man drückt auf einen Knopf, der Roboter sucht in seinem Bauch die Platte aus, auf der das Geräusch aufgenommen ist, setzt sie auf den Plattenteller, läßt die Nadel auf die erste Rille herab und fertig ist der Streich, man hört das geforderte Geräusch (das einen englischen oder amerikanischen Titel hat, immer, andernfalls wäre es nicht wert, angehört zu werden und der Zuhörer nähme in schiefer Haltung und ohne Zusammenhang mit den kinematographischen Vorbildern melancholische oder wilde Posen ein). Gut so. Aber die ununterbrochene Aufeinanderfolge dieser Geräusche ist ermüdend; mitunter wünscht man, der Mechanismus schwiege, das heißt, man möchte, und sei es auch nur für fünf Minuten, zu dem Augenblick zurückkehren, da die Maschine noch nicht existierte. Dies hat der Erfinder vorausgesehen; aber er hat keine Sekunde lang gedacht, daß es genügen würde, den Mechanismus abzustellen, den Strom auszuschalten, ihn stillzulegen, nein, nein, da spricht wieder die Reaktion: da die Maschine erfunden worden ist, muß sie auch laufen, und das unter allen Umständen. Die Maschine besitzt darum »stumme« Platten, auf denen *nichts* aufgenommen ist. Wenn man will, daß die Maschine schweige, das heißt wenn man, und sei es auch nur für fünf Minuten, zu der gesegneten Zeit zurückkehren will, da dieser Roboter nicht existierte, muß man auf der Speisekarte das Wort Stille wählen, seine Münze in den Schlitz schieben, auf den Knopf drücken, und der Roboter wird in seinem Bauch eine Platte aussuchen, auf der *nichts* aufgenommen ist, er wird sie auf den Plattenteller setzen, die Nadel auf das herablassen, was »das Fehlen der ersten Rille« ist, und Sie erhalten auf moderne fortschrittliche Weise das, was man Stille nennt.

Abgesehen von der sentimentalen Entstellung, von der ich weiter oben sprach, die es in den Augen einer Kategorie kürzlich zu mittelmäßigem Besitz von Reichtümern gekommener Leute erlangt, indem sie es für eine »Puppe« halten, ist das Auto alles in allem zu dem Zweck erfunden worden, als Transportmittel zu dienen. Es ist, ob man will oder nicht, in voller Rückkehr zum Nullpunkt begriffen und darauf und daran, nur noch unbefriedigend als Transportmittel zu dienen. In dieser Eigenschaft ist es in den Städten für den Besitzer mehr eine Last als eine Hilfe. Mitunter gelangt man von bestimmten Orten an bestimmte andere schneller zu Fuß, die Maschine ist stets behindernd, wenn man von der reinen Fortbewegung zu einer anderen Art von Tätigkeit überwechseln muß: arbeiten, in ein Geschäft, ein Kino, Theater, eine Gemäldegalerie, eine Bibliothek usw. gehen. Man weiß nicht mehr, was man mit diesem Fahrgestell, diesem Motor und diesen vier Rädern anfangen soll. Wo sie abstellen? Wo sie stehenlassen, um zu einer anderen Beschäftigung überzugehen? Man kann nicht sein Leben lang im Wagen sitzen bleiben und den Häuserblock umrunden, in dem sich zum Beispiel die Liebste befindet, man muß schließlich den Fuß auf den Boden stellen, wenn man etwas vom Dasein haben will. Was um 1900 noch kinderleicht war, ist 1962 zu einem täglichen Problem geworden. Es bedarf nur noch weniger Jahre, und die »Unmöglichkeit sich fortzubewegen« hat sich über ganze Länder erstreckt, über Entfernungen wie von Paris bis Marseille; es bedarf nur noch einiger hundert Millionen Wagen mehr (und es wird sie bald geben) und das automobile Gefährt, gleichfalls in der Rückkehr zu Null begriffen, wird das beste Mittel sein, vollkommen unbeweglich zu bleiben.

Wir wähnen eine Idee geradlinig voranzutreiben, wenn sie uns bereits in einer Kurve von großem Radius auf den Rückweg führt. In letzter Zeit besuchte mich ein alter Freund, der ein wahrhaft großer Gelehrter geworden ist. Er hat mir in einer Fachzeitschrift das Schema in irdischem Maßstab – ich sage irdisch, nicht etwa kosmisch – der Großtaten derer gezeigt, die man stolz Kosmonauten genannt hat. Sie sind recht weit davon entfernt, in den Kosmos vorgestoßen zu sein, sie sind lediglich dicht über die Erde geflogen. Nach kosmischen Maßstäben haben sie die Erde nicht einmal verlassen. Der alte Gelehrte sagte mir: »Man geht (bei den Entdeckungen) nur von einem Scheideweg zum nächsten; je weiter voran man kommt, desto mehr heißt es, zwischen Millionen von Richtungen wählen, zwischen Wegkreuzungen, Weggabelungen, die sich vervielfachen, sobald man einen Schritt voran getan zu haben glaubt. Sobald man meint, ein Punkt sei erreicht, zerspringt er in eine Myriade von Punkten, die einer nach dem anderen erreicht werden müssen, um zu sehen, wie jeder von ihnen bis ins Unendliche in Myriaden neuer zu erobernder Punkte zerspringt und so fort. Wir wissen noch nicht einmal, ob das Ei das Mittel ist, das das Huhn gefunden hat, um ein weiteres Huhn zu machen, oder ob das Huhn das Mittel ist, das ein Ei gefunden hat, um ein weiteres Ei zu machen.«

Mai 1962

SEHEN LERNEN

Sehr sorgsam lernt man zählen und noch sorgsamer (und in einem weiteren Wortsinn) rechnen. Aber niemand lernt sehen (oder hören). Wenn jemand nicht richtig zählen kann, sagt man ihm jegliche Übel voraus (die ihn alsbald treffen). Wenn er dagegen nicht richtig sieht (oder nicht richtig hört), sagt man ihm nichts voraus, obwohl sehr viel größeres Unglück sein unmittelbares Los ist. Und zwar insbesondere Langeweile und mit Gewißheit, was man mit seinem wahren Namen nennen kann und was landläufig ist: Schwachsinn.

Schwachsinn, sagt uns Littré*, ist eine Schwäche des Geistes und des Körpers, eine Unfähigkeit. Eben das will ich sagen. Man kann richtig zählen oder sogar richtig rechnen und dennoch ein Schwachsinniger sein, wenn man andererseits nicht richtig sehen und hören kann; eine unfähige Seele verliert ihren Wert; die Seele ist soviel wert wie die Sinne, die sie organisieren.

Diese Überlegungen stellt man an, wenn man, den modernen Baulustigen ausgeliefert, Frankreich durchstreift. Es gibt weder mehr eine intakte Stadt, noch ein intaktes Dorf, noch einen intakten Weiler; mitunter ist selbst das freie Land ... Es sind das die Greuel des Friedens. Des Friedens und der schlechten Gesetze, die bei den aufgrund des allgemeinen Wahlrechts erkorenen Vertretern einen guten Geschmack und eine schöne Seele voraussetzen. Bürgermeister und Stadträte sind in

* Littré, Emile (1801–1881), Philosoph der positivistischen Schule. (Anm. d. Verl.)

ihrem Ort die Herren; die Ergebnisse davon sieht man. Auch muß gesagt werden, daß es in fast allen Fällen um Geld geht; weniger um Geld, das man einspart, als um Geld, das man auf Schleichwegen kassiert.

Doch da ist noch mehr. Ich habe die Ursprünge dieses Entsetzlichen erkunden wollen. Zunächst, aber dies nur nebenbei, ich weiß, daß es ein demographisches Problem gibt und daß man die Menschen unterbringen muß. Aber man sage mir nicht, dies sei am wichtigsten; am wichtigsten ist es, eine Welt vor Augen zu haben, bei deren Anblick uns nicht übel wird. Es muß möglich sein, schöne Häuser zu bauen. Die Generationen vor uns haben es getan; sind wir denn so schwachsinnig, so unfähig, daß wir es nicht mehr zu tun vermöchten?

Ich stehe also vor einer kleinen Stadt des Centre-Ouest, die ich nicht nennen werde – ihre Architektur hat etwas von protestantischer Strenge – und deren Schönheit man unter Pflastern verschwinden sieht. Ich habe versucht, der Sache auf den Grund zu kommen. Der kleine Marktflecken wurde, wie alle Welt, vom Bevölkerungszuwachs der Friedenszeit überrascht; im übrigen hat sich eine aus Paris übersiedelte Industrie in der Nähe niedergelassen (es handelt sich um etwas, was stinkt und die Atmosphäre verpestet und was von der ganzen Bevölkerung, der handeltreibenden und sogar der freien Berufen nachgehenden, stürmisch begrüßt wurde). Und wie! Es ging dabei wahrscheinlich um hundertfünfzig bis zweihundert Arbeiter, die essen, trinken, ins Kino gehen, Kopfweh haben würden usw. Welch ein Gewinn! Der Bürgermeister jener Örtlichkeit ist ein weiter oben beschriebener Schwachkopf.

Er vermag richtig zu zählen, zu sehen vermag er nicht (zu hören übrigens auch nicht). Kam da in die Gegend, die Nase im Wind, ein junger Architekt, frisch von der Schule abgegangen, sorgfältig versehen mit Nullachtfuffzehn-Entwürfen und reich an fanatischem Ehrgeiz. Hier war für ihn das gefundene Fressen. Das Einvernehmen zwischen Bürgermeister und Architekt war schnell hergestellt. Man machte sich daran, um das Kleinod aus dem siebzehnten Jahrhundert herum alle Nullachtfuffzehn-Entwürfe auszuführen. Man kümmerte sich weder um die Winde, noch die Regen, noch die Fröste, noch die glühenden Sommerhitzen. Man verwendete die Materialien, die Unternehmen solcher Art in Nancy, Roubaix, Brest, Briançon verwenden und in Chandernagor verwenden würden, wenn sie dazu beauftragt wären, denn es sind Budget-Materialien. Man verlangt nicht von ihnen, daß sie solche sind, die zum Hausbau benötigt werden, sondern daß ihr Kubikmeterpreis tabellarisch festgesetzt ist, um sehr schnell Budgets aufstellen zu können. Wenn sich unser Bürgermeister und unser Architekt über die Budgets geeinigt haben, wer wird sich dann noch quer stellen? Der Stadtrat? Im allgemeinen weiß er nur Amen zu sagen. Der Ingenieur für Agrartechnik? Wie sein Name anzeigt, ist er ein landwirtschaftliches Genie. Der Präfekt? Er hat weder das Recht noch die Lust dazu, und oft hat man auch ihn sehen zu lehren nicht die Zeit gehabt. Unter diesen Umständen wird eben irgend etwas getan. Es geht nicht darum, etwas Vernünftiges zu tun, es geht darum, das Notwendige zu tun, damit der Architekt sich bereichert, indem er versucht, diesen Hauptgegenstand mit einer vernünftigen Unklarheit zu umgehen. Der Architekt hat in den Stromkreis Unternehmer eingeschaltet, die Lieferanten einschalten, alsbald erscheinen Aktiengesellschaften und schon ist eine jener Großfirmen gegründet, eine dieser Invasionen aus dem Landesinneren gekommener Barbaren, unter deren Tritten kein Gras mehr wächst. Alles wird zerstört, abgerissen, eingeebnet; jemand erhebt Einspruch, verteidigt ein schönes, herrschaftliches Haus, eine wunderbare Verbindung von Steinen, ein monumentales Portal, man knüppelt ihn unter höhnischen Bemerkungen nieder mit der totalen Waffe, der unparierbaren, der der beschränkte Mensch keinen Widerstand leistet: der Notwendigkeit, mit der Zeit zu gehen und, wenn er insistiert, mit dem Wort »Fortschritt«, das die Atombombe der schwachsinnigen Argumentation ist.

Er hatte übrigens an den »Fortschritt« gedacht, der Architekt, er hatte »die Notwendigkeit, mit der Zeit zu gehen« mit eingeplant: er hatte sie überall angebracht. Alle Armseligkeiten, die in einem etwas schmuddeligen Hirn herumlungern, waren dabei angewandt worden: das umgekehrte Dach des Palais de la Défense, die schiefen Mauern (die der beschränkte Mensch als Folklore bezeichnet), die zurückversetzten Teile um der zurückversetzten Teile willen (die die Bovarys romantisch nennen), die großen Bunker, die großen Komplexe (die nach Metropolis aussehen und die Herzen der Bürger mit Jahr-2000-Gefühlen erfüllen), so daß es beispielsweise Kasernen von sechs Etagen ohne Aufzug gab in einem Gebiet, wo der Boden zu 0,50 alte Francs pro Quadratmeter verkauft wird, und daß man dreihundert Wohnungen in einem Block zusammengedrängt sah, der ganz allein in einem Niemandsland von einem Quadratkilometer seinen Widersinn zum Himmel erhob. Ich muß hinzufügen, daß all das: umgekehrte Dächer, schiefe Mauern, romantisch zurückversetzte Teile und große Komplexe »funktionelle Farbanstriche« hatte. Ich habe Gott sei Dank nie gewußt, wie eine funktionelle Farbe funktioniert: und ich glaube, der Architekt wußte es auch nicht, wenigstens hoffe ich das, sonst ist er noch gefährlicher, als ich glaubte.

Wohlgemerkt, die Landschaft im Umkreis des kleinen Marktfleckens ist wunderbar: bronzefarbene Eichengehölze, und da die Natur nie einen Geschmacksfehler begeht, sind diese Wälder in violetter Erde verankert, die Felsen braunen Gesteins bedeckt. Mit diesen braunen Steinen sind die alten Häuser der Stadt gebaut worden, was eine sehr aristokratische Harmonie ergibt. Milliarden wären nötig, hunderttausend Künstler und Tonnen an Genie, um eine ähnliche Harmonie von A bis Z zu schaffen. Sie war bis in letzter Zeit die kostenlose Ausstattung, in der Leute von sehr bescheidenen Verhältnissen lebten. Vielleicht sahen sie sie nicht, denn auch sie können nicht sehen, und das ist sehr schade, aber manche Landesfremde sahen sie und hielten, um sie besser zu genießen, ihre Wagen an. Sobald ein Automobil hält, beginnt es Sous zu verbreiten. Man kaufte eine Krammetsvogelpastete in der Metzgerei, Mandelmarzipan in der Konditorei, man trank einen Schluck im Café, manchmal aß man im Gasthof zu Abend, manche übernachteten dort. All das wegen einer Harmonie, einer Schönheit, die man nicht einmal unterhalten mußte, es genügte, sie zu respektieren.

Der Architekt hat sich eingemischt. Die schönen

dunkelbraunen, im siebzehnten Jahrhundert erbauten Viertel (von der Farbe verbrannten Brotes) sind zu »ungesunden Quartieren« erklärt worden. Ich war so neugierig, nach dem Alter der Leute zu fragen, die aus diesen ungesunden Quartieren ausgewiesen worden waren. Der Durchschnitt lag bei etwa achtzig Jahren; man fragt sich, wie hoch er gelegen hätte, wenn die Quartiere gesund gewesen wären. Nicht zu fassen, aber man hat entschieden, daß Betonmauern von zehn Zentimeter Dicke der Gesundheit zuträglich seien und daß die ein Meter dicke Steinmauer ungesund sei; man hat entschieden, daß das kleine Fenster ungesund sei, daß die große Fensteröffnung Licht und Wohlbefinden einlasse. Nun aber dringt der Wind des Heidelands, der schlau ist und dem der Architekt schnurzegal ist, durch die zehn Zentimeter Beton und tobt sich in der großen Fensteröffnung aus; hinter dem von der Fensteröffnung erhellten Beton stirbt man wie die Fliegen; stirbt man dort nicht, so lebt man dort schlecht: man hat im Winter kalt, im Sommer heiß, und in jeder Jahreszeit fühlt man sich dort unbehaglich. Aber die »ungesunden Komplexe« wurden abgerissen und durch Zeitgemäßes ersetzt; der Architekt hat das Geld in seine Tasche gesteckt, und der Bürgermeister, der selbstverständlich nie die geringste Kommission erhalten hat, hat seinen Wählern »Wahl-Denkmäler« vor Augen gesetzt. Er wird sagen (denn er kann ja nicht sehen), »dies ist mein Werk«. Wenn er sehen könnte, würde er sich schämen. Und der Wähler, der nicht sehen kann, wird wieder für ihn stimmen (könnte er sehen, so würde er ihn nach Hause schicken).

Ich stöhnte gerade beim Gedanken, daß das Land sein

Gesicht gänzlich verlieren wird, denn die Begebenheit wiederholt sich allerorts (es bedarf nur zweier geldgieriger Idioten und Gott weiß, was ...), als ein Maurerpolier, der nicht dumm war und der sehen konnte, aber eben nur Maurerpolier war, das Wort an mich richtete. »Beruhigen Sie sich«, sagte er mir, »wir bauen keine Häuser: wir bauen Ruinen. Alles, was Sie da sehen, wird innerhalb von zehn Jahren im Regen vergehen wie Zucker im Kaffee.

Zement verwenden wir nur in homöopathischen Dosen, alles, was teuer ist, wird auf der Apothekerwaage abgewogen; diese Wände bestehen zu achtundneunzig Prozent aus Sand und Wasser. Praktisch könnten diese Konstruktionen stehen bleiben, wenn man sie nicht bewohnte; sobald man sie bewohnt, fallen Treppenteile herunter, Zwischenwände stürzen ein, Vorplätze hängen durch, Balkone lösen sich und vor allem spalten sich die tragenden Mauern wie dürres Holz. In zwanzig Jahren wird man sich von Paris bis Nizza und von Nancy bis Brest in den ›Ruinen von Rom‹ ergehen.«

Diese Rede hat mich nicht beruhigt. Ich zog das einstige Aussehen der Welt vor. Die demographischen Probleme, die wir zu lösen haben, sind nicht komplizierter als die in vorausgehenden Jahrhunderten gelösten Probleme gleicher Art. Zu allen Zeiten hat man Häuser bauen müssen, und zu allen Zeiten hat man es getan. Aber das Ziel, das man sich setzte, war das Haus, und das Ziel, das man sich jetzt setzt, ist die Rentabilität. Hinzu kommt, daß die Mathematik diesseits der Differentialrechnung Dünkel erzeugt, solange sie von demjenigen, der sie betreibt, nicht als ein Versuch, die Spiele des Zufalls zu analysieren, betrachtet wird. Die Häuser von heute werden von Dünkelhaften gebaut und den schlimmsten von allen: den mittelmäßigen Dünkelhaften. Wo das wackere Genie des siebzehnten, achtzehnten und selbst des neunzehnten Jahrhunderts sich auf den gesunden Menschenverstand stützte und bereit war, die goldenen Regeln zu befolgen, will das Mittelmaß von heute von jedem Zwang frei sein und nur Neues erfinden. Man wünschte es sich durchaus, daß es Neues erfindet; man hat nichts gegen Neuerungen, wäre eher dafür, wenn sie nur eben nicht mittelmäßig wären.

Kehren wir zu unserer anfänglichen Behauptung zurück. Es sind die Sinne, die glücklich machen und nicht der Geist der Spekulation. Darauf gründet die Kultur. Es ist notwendig, ein Dach über dem Kopf zu haben, aber nicht irgendein Dach. Oder aber man rede uns nicht mehr vom Glück: man begreife ein für allemal, daß unsere Zeiten inhumane Ziele verfolgen; daß wir eine sichere Sache für eine unsichere aufgegeben haben. Die Grotten von Lascaux waren nicht irgendwelche Grotten.

13. Juli 1962

ÜBER DIES UND DAS

Ich habe Bäume gepflanzt. Das scheint nichts Besonderes zu sein, ist aber eine ganze Lebenskunst. Für mich handelte es sich darum, einen Gemüsegarten, den ich gerade erworben hatte, in ein Wäldchen zu verwandeln zur Erquickung der Augen und der Sinne überhaupt. Ich habe vor sechs Jahren achtzehn Pappeln gepflanzt, die jetzt zehn bis fünfzehn Meter hoch sind, in jüngerer Zeit dann Espen und Weiden. Bei Wind vollführt das Laub der Pappeln ein Regengeräusch, das der Espen dreht sich nach oben und glänzt wie Silber, ich liebe den Stamm der Weiden mit ihrer einer Pferdehaut gleichenden Rinde. Ich frage mich, wie viele Baumpflanzer es unter den Raketenkonstrukteuren oder auch nur unter den häufigen Gästen der Fluggesellschaften gibt. Ich sehe die Jugend Schlange stehen, um ihr Autobusticket zum Mond zu kaufen; wer weiß einen Baum noch zu schätzen? Man rühmte mir die Intelligenz eines Jüngelchens von drei Jahren: er kannte (und das ist die Wahrheit) alle Automarken, er hatte es sogar fertiggebracht, sie aufgrund des Motorengeräuschs benennen zu können. Ich habe ihn fragen wollen, ob er die Namen einiger Bäume kenne. Seine Mutter hat mich sonderbar gefunden, ich glaube sogar, sie hat mich einen Dichter genannt – und das klang ein wenig verächtlich –, jedenfalls hat sie es mir übelgenommen. Ich bin nicht eher für die eine als für die andere Sache. Meine Absicht ging einfach dahin zu sagen, daß es gewiß größeren Genuß bereitet, die Bäume aufgrund des Geräuschs zu unterscheiden, das ihre Blätter im Wind machen. Aber unterscheidet man zwischen einem schönen und einem häßlichen Geräusch? O und zudem, was ich häßlich finde, finden andere schön. Ich hatte einen Freund, für den es keine schönere Musik gab als das Geräusch eines einwandfrei laufenden Motors. Manche würden sich mit Leichtbenzin am liebsten parfümieren: was zu Beginn des neunzehnten Jahrhunderts die ersten nach Erdöl Bohrenden in Amerika den ekelhaften Geruch nannten. Seither ist er zum Symbol geworden; er beschwört das Reisen, die Ortsveränderung, die Geschwindigkeit. Der Baum ist selbstverständlich das Gegenteil: die Langsamkeit, die Verwurzelung, das »an Ort und Stelle«. Man muß seine Wahl treffen. Einige Amerikaner wünschten, ich solle Spanien kennenlernen, es war wegen einer Filmangelegenheit. Sie sagten, ich solle das Flugzeug nehmen und mich mit ihnen in Madrid treffen, wo wir das Flugzeug nach Sevilla nehmen würden. »Sie wollen, daß ich Spanien kennenlerne und daß ich, um es kennenzulernen, das Flugzeug nehme, was nun genau das sicherste Mittel ist, Spanien nicht kennenzulernen. Wenn ich noch jung wäre, würde ich zu Fuß hingehen oder aufs Fahrrad steigen. Ich bin nicht mehr jung, ich werde den Zug nehmen.« Sie entgegneten mir, ich würde die spanischen Züge nicht kennen! Eben deshalb wollte ich sie kennenlernen. Ich stieg in meinen Zug, und als ich in Sevilla ausstieg, wußte ich mehr darüber als sie, die seit sechs Monaten dort waren. Die Geschwindigkeit läßt uns mit Oberflächlichkeit leben; die berühmte Formel $E = mc^2$ ist selbstredend Oberflächlichkeit in Perfektion. Es gibt in der chinesischen Geschichtsschreibung eine Passage, die ich sehr liebe. Es ist ein kleines Stück aus der Chronik der Yin-Dynastie. Ich mag mir das Vergnügen nicht versagen, drei Zeilen daraus abzuschreiben: »Sein Sohn Ming kam an die Macht; er starb. Sein Sohn Tscheng kam an die Macht; er starb. Sein Sohn Wei kam an die Macht; er starb.« Und so weiter, zwei Seiten lang. Zwischen der Machtübernahme dieser Kaiser und ihrem Tod ist nichts als ein Strichpunkt. Das ist reine Geschwindigkeit, vollkommene Ökonomie der Ausdrucksmittel. Ming, Tscheng und Wei haben hundert, beziehungsweise achtzig, beziehungsweise zweiundneunzig Jahre gelebt. Das ist großartiger als Einstein. Dieser Strichpunkt ist völlig frei von Dünkel. Sie werden mir entgegenhalten, er erkläre nichts. Vielleicht, aber er stellt fest; und nachdem er hingesetzt worden ist, weiß ich, wer ich bin, was die Welt ist, was man auf der Welt getan hat, tut, tun wird, und ich kenne die fernste Zukunft des Planeten. Darum pflanze ich einen Baum oder achtzehn Bäume und sodann einige Espen und Weiden und habe meinen Vorteil davon. Meine Amerikaner waren zuletzt doch genötigt, auf einen Esel zu steigen, um von Palos zum Kloster von La Rábida zu gelangen (wo unsere Geschichte stattfand). Während des Ritts brachen sie in Rufe aus: ihnen bot sich ein außerordentlicher Anblick, der Anblick der Felder. Sie lernten, den ins Dorf zurückkehrenden Bauern Guten Tag zu sagen. Sie waren sehr an einem alten Seemann von der Schlauchmündung des Odiel interessiert, der getrocknete Aale verkaufte. Was man vom Flugzeug aus nicht sieht. Meine Freunde, die dieses Transportmittel benutzen, rühmen mir gegenüber oft die Schauspiele der Luft: Wolkenschlösser, Inseln auf dem Meer usw. Auf der Erde hat man den Menschen; wenn man ihn anzuschauen versteht, hat er seine Wolkenschlösser, seine

Inseln auf dem Meer usw. Und schließlich, finde ich, ist es einfach zu leicht, zum Mond oder zur Venus oder zum Mars oder auch noch weiter zu gehen. Für Männer. Ich will nicht behaupten, daß diese Superpfadfinderbewegung für Kinder keinen Reiz habe, aber für Männer! Da sind bereits all die Probleme der Illusion und der Desillusion, von denen man sich freimachen muß, und schlußendlich die Erfordernisse des Daseins. Ich verstehe darunter nicht das Beefsteak, sondern das »ich bin, was ich bin« der alten spanischen Tragödien. Das ist eine Männerarbeit. In einem solchen Maße, daß die autoritären Regierungen, um ihre Autorität zu sichern, die Blicke ihrer Bevölkerung lieber zum Mond hin lenken. Nur Kinder lassen sich leicht regieren. Sind wir weit von meinen Bäumen abgekommen? Zwei Schritt weit. Wohin immer ich gehe (denn bisweilen bewege auch ich mich fort), das, was mich interessiert, ist die Rast. So sehr, daß ich sie in der Fortbewegung selbst anbringe, indem ich diese so langsam wie nur möglich mache. Ich brauche ständig Zeit, um Bäume zu pflanzen, sie wachsen und sich schmücken zu sehen, aus dem Geräusch, das der Regen oder der Wind oder die Sonne in ihrem Blattwerk macht, meinen Nutzen zu ziehen. Das sind dann fünf Minuten hier oder dort oder eine Stunde oder ein Tag, manchmal Monate und Jahre (ehe das, was die meisten Menschen das Ziel nennen, erreicht wird), die Zeit, um zu sehen, was um mich her vorgeht und um zu verstehen, warum dies vorgeht. Bei dieser Anschauungsweise ist die Erde groß, und wenn in meiner Gegenwart einer behauptet, unsere mechanischen Mittel hätten sie kleiner gemacht, antworte ich, daß meine Kunst zu leben die Proportionen der mir angebotenen Welt weit über die Flohsprünge aller Maschinen der modernsten Fluggesellschaften und selbst der Raketen hinaus entfaltet. Diese Geschichte von der Langsamkeit und der Schnelligkeit trägt, wenn man so will, ziemlich weit, jedenfalls bis in die Bereiche, wo die Freuden der Liebe mit im Spiel sind. Ich bin stets über die derzeitige Verzweiflung der Jugend betroffen. Nein, sie ist nicht das Ergebnis der verbauten Zukunft, der Atombombe oder des wie auch immer gearteten Gesellschaftssystems; die wahre Jugend schert sich nicht um diesen Kram. Ich weiß auch, daß die Helden zu allen Zeiten jung waren, der Tod zog sie an wie Honig die Wespen. Heute sind es nicht mehr diese natürlichen Gelüste; man stürzt sich nicht mehr dem Tod entgegen, man unterwirft sich ihm; weil es eben keine wahre Jugend mehr gibt. Die heutige will schnell vorankommen, schnell machen heißt altern. Schon sind sie hundertjährig und haben noch nicht geliebt. Sie behaupten es trotzdem zu tun. Daher die abstoßenden Kämpfe mit der Impotenz, diese Krämpfe. He, was hat die Langsamkeit doch für Reize auf diesem Gebiet. Wenn es ein Gebiet gibt, wo man mehr Kraft braucht, um langsam zu sein als um schnell zu sein, dann hier. Setzten sie ihren Stolz in dieser Richtung ein, sie würden von den Freuden, die sie dort erwarten, bezahlt. Doch zunächst müssen sie in sich die Kraft finden, nicht gewöhnlich zu sein. Und das ist nicht leicht (diese Schwierigkeit zöge sie an, wenn sie wahrhaft jung wären), alles drängt sie zum Gegenteil: die Politik, der Sport, die populären Freizeitbeschäftigungen, das Volk, das man vergöttlicht hat, obwohl es das Individuum ist, das allein zählt. Mit klarem Blick um sich schauen, heißt den Sieg des Individuums und die Unterwerfung der Massen sehen, nach welcher Seite man sich auch wendet. Sobald man nicht mehr selbst sein Glück macht, ist man verloren; wenn an unserer Stelle ein »Präsidium« betraut ist, besteht zu jeglicher Verzweiflung Anlaß. Es sieht so aus, als setzte ich mich für eine Art Aristokratie ein, und warum nicht? Wenn es um Liebe und um Glück geht, muß man wohl aristokratisch sein. Die Angst vor Worten richtet mehr Unheil an als die Angst vor Schlägen. Mehr ein Mann aus dem Volk zu sein als ich dürfte schwerfallen: mein Vater war Schuster, meine Mutter Büglerin, und ich habe mit fünfzehn Jahren angefangen, mein Leben zu verdienen. Vor einiger Zeit las ich Jean Guéhennos Bericht über seine Jugend. Darin schlägt man sich mit der schwärzesten Spielart des »Sozialen« herum. Sein Vater war Schuster: er machte einen Verdammten der Erde aus ihm. Meiner war gleichfalls Schuster und war es zur selben Zeit, unser Haus war ein Haus der Freude, aber ich muß sagen, daß das »Soziale« es nie betreten hat. Man sah sich sehr genau vor: wenn es dies versuchte, wies man ihm die Tür. Mein Vater verdiente achtzehn Francs in der Woche, meine Mutter zwölf Francs, und als ich zu arbeiten angefangen hatte, verdiente ich vier Francs in der Woche. Wir sind nie glücklicher gewesen als damals: wir kümmerten uns persönlich um unser Glück, wir beauftragten nicht die Gewerkschaft, es an unserer Stelle zu tun. Zu Guéhennos Entlastung muß gesagt werden, daß sein Vater in der Fabrik arbeitete, ein Proletarier war; meiner war Handwerker, er arbeitete selbständig, er war stolz auf seinen Beruf, den er, wie es ihm beliebte, in allen

Feinheiten ausübte, er hatte Freude daran. Ein Aristokrat. Nur ruhig Blut, ich habe die meisten derjenigen, die die Ballung der Massen zu ihrem politischen Credo erhoben hatten, persönlich gekannt. Es sind höchst individualisierte Leute, die sich lieber zu Kleinholz machen lassen, als eine Unze von dieser Individualität aufzugeben. Sie scharen alle Leute zusammen; sie selbst halten sich draußen und darüber. Sie leiten, sie befehlen, sie sind nur die Apostel einer neuen Hierarchie, in der sie darauf geachtet haben, ihren Platz an der Spitze zu belegen. Das ist das »Soziale«. Was soll es Ihrer Ansicht nach für Ihr Glück tun? Obwohl der Anlaß Ihres Genusses so delikat und so subtil ist, sehen Sie es das auf Fußball-, Sportplätzen und Schwimmbädern basierende grobe allgemeine Glück vorbereiten. Was habe ich da zu suchen? Ich, den vielleicht ein Schatten, ein Blattwerk, die Stille, die Einsamkeit glücklich machen werden. Aber man wird schon bald ein Gesetz erlassen, das das Individuum, das nach eigenen Kräften seinen Weg macht, für kriminell erklärt. Die Zeit ist nicht mehr fern, da ein Gesetz erlassen werden wird, das verbietet, die Bäume zu pflanzen, die man pflanzen möchte. Schon als ich den kleinen Gemüsegarten in ein Wäldchen verwandelte, hat man den Umstand, Pappeln, Espen, Weiden zu pflanzen, mehr als sonderbar gefunden. »Diese Bäume produzieren nichts«, sagte man mir. Sie produzieren Schatten und begeisternde Geräusche und ein schönes Blattwerk, aber man wollte damit sagen, daß sie nichts produzieren, was sich verkaufen läßt. Wenn man nur produziert, was sich verkauft, findet man es schließlich ganz natürlich, sich selbst zu verkaufen. Adieu Größe, oft beschworene

Größe. Man hat mich nicht gezwungen, wieder ins Glied zu treten, will sagen, zum großen Haufen, weil mein Stück Boden winzig war, aber ich bin sicher, wenn es mir morgen plötzlich einfiele, auf mehreren zehn Hektar Land einen Wald aufzuforsten, würde man die Polizisten mobilisieren. Dies ist jedoch mein gutes Recht, und zudem ist nichts logischer und weniger eigensüchtig als eben das. Der Wald ist ein Klima- und Luftregulator, der jedem nützt; seine Schönheit kann jedem, der für sie empfänglich ist, kostenlos dienen. Aber wetten wir, daß man mir vorhalten wird, ich vergeudete guten Boden. Wohingegen man mich achten wird, falls ich auf demselben guten Boden Fabrikgebäude errichte oder einfach einen dieser schauderhaften Schrottplätze. Man hat das Gefühl für die Dinge verloren.

In seiner *Geschichte der Bürgerkriege der Spanier in Indien** erzählt Garcilaso de la Vega (genannt El Inca), vom Abenteuer einiger Konquistadoren, Gefährten des Alfonso d'Alvarado, die sich aufgemacht hatten, in den Anden nach Smaragden zu suchen. Sie leiden Höllenqualen: Pfeile, Fieber, Gifte, Lawinen, Unwetter, panisches Entsetzen, Selbstsucht, Mordtaten und Selbstmorde. Vier Überlebende erreichen schließlich ein Hochtal und eine mit nußgroßen Smaragden übersäte Geröllhalde. Aber um die Smaragde von den anderen farbigen Steinen zu unterscheiden, kennen sie nur ein Merkmal: man hat ihnen gesagt, der Smaragd widerstehe Hammerschlägen (was falsch ist), und so beginnen sie mit Hammerschlägen die Reichtümer zu zermalmen, zu denen sie unter so viel Mühsal gelangt sind.

* Indien = Neuspanien; Peru. (Anm. d. Verl.)

Ist es vermessen zu sagen, daß sie ein getreues Abbild von uns sind? Trotz aller unserer materiellen und metaphysischen Raketen werden wir, fürchte ich, nach Ansicht der zukünftigen Weisen nicht einmal den Strichpunkt der chinesischen Chronisten verdienen.

2. August 1962

ANTWORTEN

Es sind zwei: eine, die ich gegeben habe, und eine, die man mir gegeben hat. Fangen wir mit der erstgenannten an.

Die Äußerungen, die ich hier* publizierte, haben mir viele Zuschriften eingebracht. Ich kann nicht allen meinen Korrespondenten antworten (danke ihnen aber dafür, daß sie das Zwiegespräch fortsetzen wollen), doch auf einen dieser Briefe werde ich antworten. Es ist mir nicht möglich, ihn ganz zu zitieren, er hat acht lange Seiten: ich will ihn redlich zusammenfassen. Jedenfalls wird der Verfasser ihn wiedererkennen und Protest einlegen können, wenn ich seine Gedanken nicht richtig wiedergebe.

Er schreibt wegen der Bäume, die ich mich rühmte, gepflanzt zu haben (und zwar sogenannte »nutzlose«, das heißt keine Früchte tragende Bäume; was mich betrifft Pappeln, Espen und Weiden); in Wirklichkeit rühmte ich mich dessen nicht, ich beglückwünschte mich dazu, ich beschränkte mich darauf zu sagen, daß die Pflanzung mich glücklich mache. Und hier nun, was dieser Mann – der jung sein muß – mir in etwa geschrieben hat: »Ich habe Ihre Bücher gelesen und ich glaubte bisher, Sie stammten aus dem Volk oder wären auf seiten des Volks oder Sie liebten das Volk. Sie enttäuschen mich bitter. Sagen Sie den Jungs bei Renault einmal, sie sollen Bäume pflanzen, dann werden Sie ja sehen, was die Ihnen antworten. Es ist nicht immer möglich, Bäume zu pflanzen: man muß Grund

* Artikel vom 9. Dezember 1962 in *Le Dauphiné libéré*.

und Boden besitzen, man muß Geld haben, um die Bäume zu kaufen, man muß die Zeit haben, um sie zu pflanzen, die Gesellschaft muß einem Lust dazu lassen.«

Diese letzte Behauptung war nicht so bündig abgefaßt, aber ich versichere, daß mein Satz hier fünf lange Seiten zusammenfaßt.

Man wird verstehen, warum ich auf diesen Brief antworte; er wirft ein Problem auf, das uns alle angeht: falls ich diesem Mann (der jung sein muß, hoffen wir es) nichts zu antworten habe, räume ich ein, daß es eine Kategorie von Lebewesen gibt, die niemals eine bestimmte Art des Glücks und mithin niemals das Glück erreichen werden.

Nun aber habe ich durchaus etwas darauf zu sagen und zunächst, daß ein solcher Ausschluß kein von der Gesellschaftsklasse, sondern ein vom Temperament herrührender Ausschluß ist. Es gibt sicherlich »Jungs bei Renault« (wie er sie nennt), die Bäume pflanzen und zwar »nutzlose« Bäume, Pappeln, Espen, Weiden. Aber wir müssen etwas weiter zurückgehen. Mein Vater war Schuster, ich habe es oft genug gesagt; er war arm: er kaufte seinen Tabak zweisousweise (damals verkaufte man Tabak in kleinen Mengen), er ging nur Samstag abends in die Kneipe (in der Kneipe gab er fünf Sous aus). Wir haben zu Hause nie dreihundert Francs im voraus gehabt. Die Sozialversicherungen existierten nicht. Selbstverständlich besaßen wir keinen Grund und Boden, kein Geld, um Bäume zum Einpflanzen zu kaufen, und wir pflanzten vergnüglich Bäume. Ich sage wir, denn ich war sechs bis sieben Jahre alt und begleitete meinen Vater auf seinen Spaziergängen. Er trug in der Tasche einen kleinen Beutel, der Eicheln enthielt.

Die unter den Eichen liegenden Eicheln kosten nichts. Er hatte einen Stock mit einer Eisenspitze; man kann sagen, daß die auch nichts kosten, sie finden sich in allen Familien. Das Übrige ist Fußarbeit. An manchen Stellen der Hügel, auf einigen Terrassen, vor einem schönen Ausblick, in den Tälern in der Nähe von Quellen, längs eines Pfades machte mein Vater mit seinem Stock ein Loch und begrub darin eine Eichel oder zwei Eicheln oder deren drei oder fünf oder mehrere, die er in Gruppen oder Quadraten oder gegeneinander versetzt anordnete. Es war eine Freude ohnegleichen: Freude, es zu tun, Freude, sich auszumalen, welche Folge die Natur diesen einfachen Gesten geben würde. Während wir die Neupflanzungen betrieben, besuchten wir die der voraufgegangenen Jahre. Die unter solchen Bedingungen gepflanzten Eicheln führten in einem von zehn Fällen zur Entstehung von Eichen; das ist ein gutes Verhältnis. Welcher Jubel, wenn wir einen recht lebenskräftigen unter unseren Untertanen entdeckten! Mit welcher Sorgfalt umgaben wir ihn! Maschendraht, um ihn vor den Zähnen der Hasen und Ziegen zu schützen, kleine Schlucke Wasser, die wir während der Trockenperiode in einer Flasche hintrugen. Ich denke mit einiger Wehmut an diese königlichen Zerstreuungen, die unsere Herzen beschäftigten in einer Zeit ohne Kino, ohne Fernsehen und ohne Fußballspiele. Das ist mehr als fünfzig Jahre her. Kürzlich noch habe ich auf meinen Spaziergängen in Nachahmung jener, die ich mit meinem Vater machte, mehr als zwanzig Eichen angetroffen, die meine Halbbrüder – weil Söhne meines Vaters und der Erde – sind (wie bei Äschylos). Ihr Durchmesser ist um gut zwanzig Zentimeter größer als meiner, und sie überragen mich um mehr als zwanzig Meter. Ich bin sehr stolz auf sie. Sie gehören mir nicht, sie sind in freies Gelände gepflanzt, sie gehören allen, vielleicht wird man sie eines schönen Tages fällen. Sie sehen, da ich mir um sie Sorgen mache, sind sie nach so langer Zeit noch eine Quelle des Glücks.

Es bleibt noch zu sagen, daß das Verhalten meines Vaters um 1901–1902 (und danach bis zum Krieg von 1914), was seine Freude, Bäume zu pflanzen, betrifft, nicht einzigartig war. Ich habe bereits von Elzéard Bouffiers Abenteuer erzählt, des Hirten, der in den Bergen von Lure Tausende von Buchen pflanzte, lebenslang in seiner freien Zeit, und in Manosque lebten ein Eisenwarenhändler und ein Friseur, die sich auf die gleiche Weise vergnügten.

Schuster, Hirten, Eisenwarenhändler, Friseure, sie waren im Grunde »Jungs bei Renault«, jedoch, wie ich zugebe, mit dem Unterschied, daß sie keine Proletarier, sondern Handwerker waren. Und damit sind wir bei der wichtigsten Behauptung meines Korrespondenten angelangt: »Die Gesellschaft muß uns die Lust lassen, Bäume zu pflanzen«. Diese Lust ist keine Sache der gesellschaftlichen Stellung, sondern der seelischen Einstellung. Auch der im tiefsten Proletariat lebende Proletarier hat stets, in dem einen oder anderen Moment, die Muße, eine Handvoll Eicheln zu sammeln und einen Stock mit Eisenspitze zur Hand zu nehmen. Er hat fünfhundert (alte) Francs, um ins Kino zu gehen oder um sich einen Platz in einem Stadion zu leisten. Er hat oft ein Fahrrad, einen Motorroller und manchmal ein Auto. Man sieht nicht, welchen Knüppel ihm die Gesellschaft dabei zwischen die Räder werfen könnte!

Wenn der Proletarier Lust hat, Bäume zu pflanzen, wird ihn die Gesellschaft nicht daran hindern; er leistet sich ganz andere Launen, die die Gesellschaft viel teurer verkauft.

Die Antwort, die man mir gegeben hat, bezieht sich auf eine Frage, die nicht nur ich mir stelle. Derjenige, der mir, wie man lesen wird, antwortete, ist eine prominente Persönlichkeit. Die Frage lautet: »Haben wir auf der Erde wirklich eine solide zukunftsreiche Zivilisation geschaffen? Sind wir, in Anbetracht der Maschinen, die fliegen, der Maschinen, die hinter dem Mond her sind, die Herren der Natur? Können wir uns in gleicher Stärke mit den kosmischen Kräften messen?«

Ich war auf Mallorca in jenem Sommer, als die Katastrophe die Region um Barcelona verheerte. Mallorca liegt hundertvierzig Meilen von Barcelona entfernt. Auf dieser Seite war der Himmel schwarz, von einer ungewohnten Schwärze, einer abgründigen Schwärze, einer Farbe, die homerische Epitheta verlangte. Nichts geschah mit großer Gebärde: der (selbstverständlich erschreckende) Schatten näherte sich ohne Grollen, ohne mit Blitzen zu drohen, mit ruhigem, kleinem Schritt. Da es die Seite des Sonnenuntergangs war, wurde es um vier Uhr dunkel. Gegen sechs Uhr, als ich hinausging, um, wenn man so sagen kann, Wind zu schöpfen – denn nicht die leiseste Brise, nicht der leiseste Zephir, nicht der leiseste Hauch wehte –, sah ich, daß wir vollkommen von sternenloser Finsternis zugedeckt waren. Abends zuvor war es zur gleichen Stunde noch taghell gewesen, und der Strand hatte noch von den Rufen der Badenden widergehallt. An jenem Abend nichts mehr: Stille, Bewegungslosigkeit, völlige Schwärze. Begreiflicherweise waren wir, meine Freunde, meine Frau und ich, unruhig. Das kleine valencianische Dienstmädchen, das uns – durch einen sonderbaren Dialekt, den niemand verstand, von uns abgesondert – aufwartete, machte gigantische Anstrengungen, um aus seiner Einsamkeit auszubrechen, und ich glaube, ich begann ernstlich Angst zu haben, als ich aus seinem Mund ein französisches Wort hervorkommen hörte. Es war das Wort »ich«, das sie fast schreiend aussprach, wobei sie die Hand auf die Brust legte, damit man sie auch richtig verstand. Dem Wort folgte eine Sturzflut holperiger, bäuerlicher, leidenschaftlicher Vokabeln; wir verstanden keine Silbe, nahmen aber Elia (dies war ihr Name) bei den Schultern, nötigten sie, sich neben uns zu setzen, und begannen zu warten. Von Zeit zu Zeit lächelte der eine oder der andere von uns Elia zu oder wir streichelten ihr das Knie (wir gaben ihr auch Mandelkonfekt zu essen und ein Gläschen Pflaumenschnaps zu trinken).

Der erste Donner brach genau um zehn Minuten vor acht Uhr los, ich hatte gerade auf die Uhr geschaut. Er tat es ohne Vorspiel, mit einem Schlag, und löschte alle Lampen aus; gleichfalls ohne Vorspiel, mit einem Schlag (als hätte er bis dahin hinter der Tür gewartet), erhob sich ein Wind, der sogleich die Dachziegel zum Klappern brachte und in der nächsten Sekunde packenweise davontrug, so daß sie in den Garten hagelten, während er das Schicksal zweier riesiger Kiefern besiegelte, deren eine sich auf das Haus legte und deren andere sich mit allen Ästen (wie wir am Nachmittag des folgenden Tages feststellten) in Bewegung setzte und zum Meer hin ging, kroch, tanzte, flog, dabei alles vor sich zerfetzte.

Die zwanzig Stunden, die auf den ersten Donnerschlag folgten, will ich nicht beschreiben. Von dem Augenblick an folgten sich die Blitze ohne Unterbrechung bis zum nächsten Vormittag um zehn Uhr. Der Blitz schlug so oft um uns und wahrscheinlich über uns ein (unmöglich, es mit Sicherheit zu wissen, es sei denn, man selbst wurde getroffen oder sah, daß jemand von uns getroffen wurde), daß sein Ozongeruch die Sofakissen acht Tage später noch durchtränkte. Der Regen fiel nicht in Strömen oder in Kübeln, sondern in Blökken. Die Mauern ächzten und barsten unter den vom Himmel fallenden Wassern. Eine Zahl, um dem Pathos ein Ende zu machen: in zwanzig Stunden fielen pro Quadratmeter hundert Liter! Bei solcher Dichte hat der Regen kein »menschliches Gesicht« mehr.

Aber es war nicht dieser Regen, der mich (nach Elias französischem Wort) erschreckte. Während des Unwetters durfte man sich schließlich sagen, daß dies ein Paroxysmus sei, und daß die Paroxysmen, wie ihr Name andeutet, nicht von Dauer sind. Sobald der Regen nachließ, gingen wir ein wenig draußen nachsehen. Wir erkannten nichts mehr wieder. Es gab keinen Strauch mehr, keine Straße, keinen Kiefernwald. Wir befanden uns in einer neuen Welt, in einer Landschaft von vor hunderttausend Jahren. Selbstverständlich hatten wir keine Elektrizität mehr, so lange übrigens schon – seit zwanzig Stunden –, daß wir nicht einmal mehr daran dachten.

Darauf nistete sich ein kleiner, regelmäßiger, friedlicher, heiterer Regen ein, ein kleiner Regen »wie du und ich«, ohne den geringsten Paroxysmus, ein auf Dauer angelegter Regen. Und er nun gab Grund zu zittern. Man begriff, daß er »ohne Pauken und Trompeten« in wenigen Tagen die ganze wissenschaftliche Zivilisation, auf die wir so stolz sind, bis in ihre solidesten Grundlagen zerstören könnte.

Man hat es nicht nötig, etwas zu ersinnen, es gibt Präzedenzfälle (gehen wir nicht bis zur Sintflut zurück). Zehn Tage ununterbrochener Regen und die Straßen werfen sich und zerfallen, die Schienenstränge krümmen sich und sinken ein, die Fundamente der Häuser lockern sich. Zwanzig Tage und die Staudämme bersten, die Täler ertrinken, die Städte hungern. Dreißig, vierzig, hundert Tage (warum nicht?). Nichts ist mehr möglich: weder Bulldozer, noch Auto, noch Flugzeug, noch Haus, noch Hütte, noch Feuer, noch Brunnen. (Welch ein Paradoxon!)

Die Sintflut ist nicht, was die Bücher gesagt und auch nicht, was die Maler gemalt haben. Sie ist ein einsamer, im Schlamm verlorener Mensch. Und wir mögen noch so sehr die Stolzen spielen, die Bedrohung hängt immer über uns.

Ich meine, daß diese beiden Antworten verständlich sind.

27. November 1962

VERMISCHTE NACHRICHTEN

Hier zwei, die sich ergänzen. Auf den ersten Blick scheint es nicht so; danach gewahrt man Abgründe.

Zunächst: ein Marineoffizier. Stabsoffizier. Klangvoller Name: seine Vorfahren waren in Arques, auf seiten der Heiligen Liga selbstverständlich; und Letzter des Namens, infolgedessen reich an Besitzungen, ein wenig vernachlässigten Besitzungen, weil er als »Pascha« um die Welt reist, aber Hektare bleiben Hektare. Zudem »von imponierendem Wuchs, glanzvoll in seiner Rede, fügte er der Erfahrenheit und den Talenten das leichtfertige Äußere hinzu, das auch seine Macht ausübt«, wie Tacitus von Quadratus* sagt. Alles steht ihm offen. Mit fünfundvierzig Jahren gibt er alles auf, schickt Brest, Toulon und Mers-el-Kébir zum Teufel und kehrt, zu Fuß vielleicht, jedenfalls in bescheidenem Aufzug auf seine Ländereien zurück. Sie sind in R., auf einem öden, wilden Hochplateau gelegen: Steineichen, Mandelbäume, Lavendel, Wind und große Rabenzüge. Dort oben hat er sechs Gutshöfe und zwei Schlösser aus dem siebzehnten Jahrhundert, unbequem, wie es sich gehört, nicht richtig zu heizen, voller Echos, Zugluft, aber auch mit echten Möbeln und Wandbehängen. Einige Gemälde außerdem, eines, das für einen Rembrandt gehalten wird und ein La Tour ist (auch nicht übel). Er vergräbt sich. Zu Beginn, einem Beginn, der

* Quadratus, ältester christlicher Apologet; soll um 125 Kaiser Hadrian eine Schutzschrift für die Christen überreicht haben. (Anm. d. Verl.)

drei Jahre dauert, vier Jahre, weil er nicht brutal ist und Hochmut in den Augen der Leute von geringer Habe leicht für Schüchternheit angesehen wird, muß er sich gegen entfernte Vettern erwehren: die Dingsbums, Beamtenadel, die gern mit ihm in enge verwandtschaftliche Beziehungen treten würden. Sie wissen, daß die Hochebene, die Raben, der Wind, der Lavendel und die Ödnis die Einzelgänger verschlingen wie die Fliegenschnäpper die Fliegen. Sie möchten das Wohlwollen des Seemanns gewinnen, ehe es zum ›Floß der Méduse‹ kommt.* Der von Dingsbums weiß, wie schwierig es ist, einen alten Knacker zur Testamentsunterzeichnung zu bewegen (man braucht kein großes Kirchenlicht zu sein, um zu glauben, das sei leicht). »In zehn Jahren ist er hin«, sagt er seiner atemlosen Familie. Ohne ihnen die Lust zu verleiden (das ist unmöglich), erreicht es unser Admiral, die kleine Partie Spitzmäuse auf Distanz, sogar respektvolle Distanz zu halten, darunter allerlei wie die Bardot frisierte Jungfrauen und einen großen Jungen, der von einer elektrischen Gitarre träumt.

Und dennoch behält von Dingsbums recht: der Admiral ist 1952 hierhergekommen und jetzt, an einem Tag der vergangenen Woche, hat man ihn tot aufgefunden, auf dem Fußboden ausgestreckt, die Nase im ungeheuren Aschenhaufen seines Zimmerofens, den er

* »Le Radeau de la Méduse« ist das Meisterwerk des Malers Théodore Géricault (1791–1824); es zeigt die wenigen Überlebenden der französischen Fregatte *Méduse*, die 1816 400 Matrosen und Soldaten nach dem Senegal bringen sollte, um das Land den Engländern wieder abzunehmen. Die Fregatte erlitt Schiffbruch; die Besatzung suchte sich auf einem selbstgezimmerten Floß zu retten. (Anm. d. Verl.)

Eine Stunde später wurden die Talmulden breiter, wir näherten uns offenbar einem Gipfel, der nur Schwelle war, um in die berühmten *moors* von Rannoch einzuziehen, die sich so weit das Auge reichte um uns ausbreiteten, schwarz und golden unter dem Regen, dem Glanz einer strohgelben Sonne, begleitet von einem Abendhimmel à la Prinz Olaf, à la *Melmoth** und à la *Han d'Islande***, wie es keinen zweiten geben konnte. Kaum daß der Zug in eine geschmeidigere Bewegung verfiel, die Geschwindigkeit erhöhte sich nicht, als wäre es unnütz, sich in dieser Gegend der Geschwindigkeit zu bedienen (wenigstens gewann man einen solchen Eindruck). Wir waren, wie gesagt, um zwei Uhr nachmittags in Dumbarton abgefahren – wir schrieben April – und befanden uns, als es dunkel wurde, immer noch auf den *moors* von Rannoch. Während fünf Stunden waren wir weder einem Bahnhof, noch einem Haus, noch einem Baum begegnet. Erst gegen neun Uhr abends begannen wir auf der anderen Seite in Richtung Fort William und Loch Lynne hinabzufahren.

Kein Baum. Nun aber sagt die Zeitschrift *Grass* folgendes: In manchen Erosionstälern der *moors*, gegen Oban und Crianlarich zu, gibt es laut *Grass* vereinzelte Buchen; ich will damit sagen, daß sie nicht in Gruppen nahe beieinanderstehen. Zum Beispiel (teilt *Grass* mit) steht eine, eine einzige, auf der Höhe des Ben Cruachan und eine weitere, ebenfalls einzige, am Ben Lawers,

* *Melmoth the Wanderer,* Schauerroman von Charles Robert Maturin (1782–1824). (Anm. d. Verl.)

** In Norwegen spielendes Frühwerk von Victor Hugo (1802–1885). (Anm. d. Verl.)

fünfzig Meilen von der erstgenannten entfernt. Von diesen beiden Buchen berichtet *Grass* vornehmlich. Die Zeitschrift schildert sie als majestätische Bäume und durchaus imstande, ihr Leben allein zu bestehen, wie die Tatsache beweist, daß sie in ihrer Größe, Dicke und Gesundheit da sind. Wenn man diese beiden Buchen für Einzelgänger hält, dann irrt man sich. Die Buche des Ben Cruachan ist vom Blitz getroffen worden und abgestorben und die des Ben Lawers ist, ohne von was auch immer (Vorstellbarem, oder richtiger: Bekanntem) getroffen worden zu sein, kurz darauf gleichfalls abgestorben, ohne jeden Grund (jedenfalls ohne jeden unserer Gründe). Das ist alles.

Abgesehen davon, daß die Engländer oft für die niederen Spezies in Gefühlen schwelgen; Gefühlen, ich meine damit Egoismus.

ÜBER DAS ALTER

Ich habe immer alte Menschen an meinem Tisch und in meinem Haus gehabt. Als ersten, zur Zeit, als ich noch ein kleiner Junge war, meinen Großvater mütterlicherseits. Er hatte den italienischen Befreiungskrieg als Zuave mitgemacht. Im Frieden, nach dem Waffenstillstand von Villafranca, wurde er besoldetes Mitglied im Musikkorps der Garde. Er spielte die Zugposaune. Die halb legendenhaften, halb historischen Familienannalen berichten, daß er oft von der Kaiserin Eugénie gerufen wurde, um vor dem kleinen Hofstaat, wo man hinter dem Rücken des Kaisers tanzte, Zugposaune zu spielen. Diese berühmte Posaune hat nachher mehr als dreißig Jahre lang an einem Nagel über dem Kopfende des Bettes meiner Mutter gehangen. Ich entsinne mich undeutlich dieses Großvaters als eines kleinen vierschrötigen, ständig grantigen Mannes, den ich oft dabei überraschte, wie er den Kopf in den Wandschrank steckte und sich schnell ein Glas Wein genehmigte, und der immer von Solferino redete.

Nach ihm suchte sein Bruder bei uns Unterkunft. Das war der Onkel Eugène (der Onkel meiner Mutter). Er war stocktaub. Mein Vater nahm jeden an seinen Tisch, und wenn man erst einmal daran saß, war nichts einfacher, als dort zu bleiben. Der Onkel Eugène brachte als Aussteuer sechs Taschentücher, zwei neue Bettlaken und einen Louis-XIII-Tisch mit, an dem ich heute wieder diese kleine Chronik niederschreibe. Man bedauerte ihn, weil er einiges Unglück gehabt hatte. Er hatte sich mit einer Dichterin verheiratet. Sie hatte einen Hang zur provenzalischen Dichtung offenbart und besonders zu den Félibres, den neuprovenzalischen Dichtern, die schöne Männer mit großen Hüten und Kinnbärten à la Napoléon III. waren und auf deren unzähligen Gelagen es heiß herging. Sie mistralisierte* den armen Onkel Eugène derart, daß er davon ganz trübsinnig wurde; schließlich flog sie aus der ehelichen Wohnung aus, um in Marseille Gemüsehändlerin zu werden. Unter Schmachten schickte sie Aubanel ihren Blumenkohl. Sie hat einige Gedichte hinterlassen, die sich alle auf *u* reimen. Das auf ihre Kosten in Forcalquier gedruckte Büchlein zeigt auf dem Umschlag eine Art Métroeingang wie um 1900. Onkel Eugène war wie sein Bruder ein kleiner, vierschrötiger Mann, aber er redete nicht über Solferino; er redete fast nie, außer um meiner Mutter für die Vortrefflichkeit ihrer Küche seine Anerkennung auszusprechen. Bis er sich an den Tisch unserer Familie setzte, hatte er von Salzkartoffeln gelebt, die er sich selber kochte, während seine Lazarine** von einer Frau die Dichtkunst pflegte und auf *u* reimte. Er wurde in der Familie zum »Konnetabel der Olivenbäume«. Er überwachte die Obstgärten und die Ölgewinnung. Eines Abends stieß er einen kleinen Mauseschrei aus und war tot.

Da uns die Alten der Familie ausgegangen waren, nahmen wir uns unserer Hausbesitzerin an. Mademoiselle D. war eine sanfte, bigotte alte Jungfer, die den

* Mistral = Nordwind in der Provence; aber auch: Frédéric Mistral, berühmtester neuprovenzalischer Dichter. (Anm. d. Verl.)
** Lazarine, abgeleitet von Lazarone, bedeutet hier Tagediebin, faule Liese (Anm. d. Verl.).

ganzen Winter hindurch mit zwei aneinander geriebenen Scheiten Holz einheizte. Wir zahlten ihr fünfzig Francs Miete jährlich für sieben riesige Zimmer, in denen man hätte reiten können, deren Böden und Überdachung aber brüchig waren. Es regnete auf alle Betten. Jahrelang habe ich neben meinem Nachttisch einen Schirm stehen gehabt. Ich hatte es mir (wie mein Vater, wie meine Mutter) angewöhnt, beim stumpfen Geräusch der von der Zimmerdecke auf meine Bettdecke fallenden Tropfen aufzuwachen. Ich spannte den Schirm auf und schlief wieder ein. Mein Vater, ein herzensguter Mann, mochte die Pfarrer nicht leiden. Er kam – über Zola und die Dreyfus-Affäre – direkt von 1848 her. Mademoiselle D.s Gespräch handelte nur von Eucharistie, Kommunion, Messe, Nachmittagsandachten, Abendgottesdiensten, Kanonikus, Diakon und Dekan. Es war schwierig, die beiden zu einem Einvernehmen zu bringen. Meine Mutter neigte, obwohl sie Zurückhaltung übte, zur Seite der Kathedralen, und mein Vater respektierte ihre Ansichten. Mademoiselle D. redete also weiterhin friedlich über die Affären des Sohnes Gottes, während mein Vater neben ihr stumm *La Faute de l'abbé Mouret** las (oder richtiger ostentativ auf den Tisch legte). Wie alte Revolutionäre seiner Epoche war mein Vater ein Feind jeglichen Skandals; dieser Abbé Mouret war das Äußerste, was er im vorliegenden Fall tun konnte. Übrigens verfehlte er sein Ziel. Für Mademoiselle D. heiligte das Wort »abbé« [Pfarrer] alles, selbst Zola; sie hielt das Buch für ein frommes Werk. Ich glaube sogar, daß sie so weit

* Roman von Emile Zola (1840–1902). (Anm. d. Verl.)

ging, meine Mutter zum guten Willen meines Vaters zu beglückwünschen; diese, die schlau war wie ein Fuchs, steckte das Kompliment ein und deckte es mit Schweigen zu.

Ich war nicht so glücklich, von meinem Vater lange etwas zu haben; er starb 1920, kurz nach meiner Entlassung aus dem Heer. Er hatte nur die Freude, mich unversehrt aus dem Krieg von 1914 zurückkehren zu sehen. Das war im Grunde nicht wenig. Meine Mutter behielt ich länger bei mir. Während des Kriegs waren wir vierzehn bei Tisch, darunter mehrere Alte: meine Mutter, ihr Bruder (mein Onkel), die Großmutter meiner Frau: die Nini (die mit hundertdrei Jahren starb) und schließlich, nach und nach, die Mutter meiner Frau.

Natürlich sind sie einer nach dem anderen verschwunden. Vor einigen Jahren – die Kinder hatten sich in alle Winde zerstreut – fanden wir, meine Frau und ich, uns allein. Eines Abends, als ich nach dem Essen meine Pfeife rauchte, sagte Elise zu mir: »In unserem Haus fehlen uns ein paar Alte.« Und so war es. Ich empfand wie sie ein Bedürfnis nach ihnen. Wir konnten nur noch auf die Zeit vertrauen. Jetzt sind wir es, Elise und ich, die alt sind.

Diese lange, aus Erinnerungen gespeiste Vorrede – an der ich vielleicht mein Vergnügen hatte – läßt mich jetzt zu dem kommen, was ich sagen will: daß das Alter keineswegs die schreckliche Zeit ist, wie es so oft heißt. Einer meiner Freunde, ein Mann von achtundsiebzig Jahren, den ein Journalist kürzlich interviewte und dabei fragte, welches Alter er – wenn er wählen könnte – haben wollte, antwortete ihm: »Das Alter, das ich habe.« Genauso empfinde auch ich. Zu altern ist sehr angenehm. Die Abnahme der Körperkräfte ist eine hohe Freude. Es ist die Erfahrung des Maßes: das Wasser, das man in seinen Wein tun muß, befreit den Geschmack von der gewohnten Heftigkeit. Es kommt der Augenblick, da man ein Milligramm genießt, während man früher Tonnen benötigte. Wie groß ist die Welt der Feinheiten, die man entdeckt, und allen offen. Die Zeit eilt – an uns vorbei – dahin wie ein schneller Strom. Das Jahr beginnt, vergeht und ist schon zu Ende. Weil es keine Sekunde der Langeweile gibt. Das, womit man sich den Bauch vollschlug, ohne satt zu werden, genießt man nun, ohne deshalb künftig zu dieser Sättigung zu gelangen oder gelangen zu wollen, die, das weiß man doch, das Ende des Glücks bedeutet. Was nur einen allgemeinen Reiz hatte, wimmelt von spezifischen Reizen. Auf allen Seiten stellen die Gebrechen mächtige Schranken auf: man braucht nicht einmal mehr Zurückhaltung zu üben. Bis hin zur Nähe und zum unerbittlichen, diesmal jedoch wahrnehmbaren Näherkommen des Todes gibt es nichts, was nicht, wenn auch nicht köstlich, so doch jedenfalls sehr interessant wäre. Man versteht den Fluch der Ewigkeit und daß es gut und recht ist, ein Ende zu haben. Die menschlichen Leidenschaften sind für eine Verwendbarkeit von maximal etwa hundert Jahren geschaffen oder scheinen dafür geschaffen zu sein. In dem Maße, in dem man sich dem Datum nähert, von dem ab sie nicht mehr brauchbar sind, verlieren sie an Gewicht (an Fehleinschätzung). Was rein und unvermischt zu sein schien, scheint nun ohne Edelmetall zu sein. Man bemerkt, daß man bisher mit Blei gezahlt hat und auch, daß man mit diesem Blei (mit dem man auch bezahlt wurde) alles erhalten hat. Daher, dank der Nähe des natürlichen Todes, eine Leichtigkeit lächelnder Liebe, fröhlicher Ungezwungenheit, deren wir, dazu bestimmt, ewig (oder auch nur weitere hundert Jahre) mit Falschgeld zu spielen, ganz unfähig wären. Die Rasereien (oder die Kräfte) der Jugend sind nichts neben diesen Freuden.

1. Februar 1963

DIE ÄUSSERE ERSCHEINUNG

Ich lese die Zeitung und bin frappiert von der Photographie, die ein blutiges Ereignis illustriert. Es ist ein bestialisches Gesicht: die Stigmata aller Laster und aller Torheiten sind in diesem Gesicht. Daran kann kein Zweifel bestehen; bis zu dem Augenblick, da ich bemerke, daß es sich nicht um den Mörder, sondern um das Opfer handelt.

Die Vernunft und der schlichte gesunde Menschenverstand raten uns, die Mandel ihrer Schale vorzuziehen. Vergebens, beim ersten Blick stets nimmt der Schein unsere Gefühle gefangen. Ich kannte eine Frau, deren Häßlichkeit so außergewöhnlich war, daß sie aufdringlich wurde. Trotz aller Überlegungen, die ich anstellte, empfand ich in ihrer Gegenwart Abscheu. Ich habe, mit ihr, eine wertvolle Freundschaft aufgegeben – denn sie hatte die schönste Seele der Welt – und habe, wie jedermann, zu schönen Gesichtern Zuneigung gefaßt, die eine üble Ware überdeckten. Es fällt schwer, sich deswegen Gewissenbisse zu machen, so sehr versteht sich das von selbst.

Wir gehen auf das zu, was uns körperlich gefällt, und wir entfernen uns von dem, was uns abstößt, denn es erscheint uns natürlich, daß das, was uns gefällt, gut, und das, was uns mißfällt, schlecht ist. Vielleicht ist dies in der Tat natürlich, sei es, weil das Schöne ursprünglich immer gut war oder sei es vielmehr, weil dahinter ein Getriebe ist, das uns in den Kontrast treibt und uns durch Unerwartetes und Abenteuer leben läßt.

Um so mehr, als ziemlich bald der Moment kommt, da man weniger am Guten der Dinge, zumal wenn es eingestuft und eingeordnet ist, Interesse hat als an den Freuden der Neugierde. Sie finden letztlich nur in der Mannigfaltigkeit Befriedigung, und in der Mannigfaltigkeit spielt das Schlechte eine wichtige Rolle.

In unserer Zeit, die alle Minen springen läßt, hat man es nicht versäumt, dieses allgemeine Verhalten zu studieren, im Hinblick darauf, es zu einer Geldquelle zu machen. Daher kommt jener Teil der Werbung, den man die »Aufmachung« genannt hat, das heißt die Verpackung eines Produkts. Da ich jemandem zugehört habe, der sich als Fachmann mit der Frage befaßt, weiß ich, daß man an dieser Verpackung nicht sparen darf, vor allem dann nicht, wenn es sich darum handelt, Wüstensand oder Straßenstaub zu verkaufen.

Man hat sehr genau berechnet, wie viele Zentimeter auf einer Kartonschachtel von zwanzig bis dreißig Zentimeter Seitenlänge rot und wie viele gelb bemalt werden müssen. Man kann das Verhältnis der Farben nicht umkehren, ohne Gefahr zu laufen, daß der Verkauf zurückgeht bis zum Bankrott; aber sofern man es respektiert und für das, was man verkauft, einen Namen gefunden hat, der leicht zu merken ist, aber ein Gran Poesie oder Wortspielerei oder falscher Wissenschaftlichkeit enthält, kann man alles und jedes verkaufen. Selbstverständlich kosten diese Aufmachungen hundertmal mehr als der Wind, den sie enthalten. Sie erfordern ein erhebliches fachkundiges Personal, vom Modellhersteller, dem Farbexperten, dem Graphiker und dem Verfasser des Geschwafels bis hin zu den geschicktesten Maschinisten der kompliziertesten Reproduktionsmaschinen. Die so hergestellten Schachteln nehmen auf den Regalen aller Läden der Welt Platz und aufgrund ihrer äußeren Erscheinung wird die Hausfrau sie beurteilen und kaufen. Welcher Wirtschaftsexperte wird je berichten – sofern er es nicht schon getan hat –, wieviel Geld man bereits allein für den Kauf »aufgemachter« Kartons ausgegeben hat.

Wenn der Unsinn sich hierauf beschränkte, wäre der Schaden vielleicht nicht groß (man bräuchte den Wüstensand einfach nicht zu kaufen). Doch sobald es mit der Mode anfängt, setzt sie sich überall durch, besonders dann, wenn sie sich auf den Fortschritt beruft, was zu tun sie nie versäumt. Ich habe in einer Wochenzeitschrift einen kleinen, mit vielen und sehr großen Buntphotographien illustrierten Artikel gelesen, der den Titel trug: »Die Einkaufstasche der Hausfrau«. Man pries darin die »künstlerische Einkaufstasche« an. Ich lüge nicht. Und die Wahrheit zu sagen, wenn man die Illustrationen ansah, war man gezwungen zuzugeben, daß sie unbestreitbar künstlerisch war. Es gab darin (kleine Erklärungen bezeichneten es genau) Fleisch in Aluminiumfolie, Käse in Zellophan, Kaffee, gekleidet wie ein Prinz aus Tausendundeiner Nacht in Goldpapier, lustige Kekspackungen wie Fußsoldaten um 1900, Öl in einem Plastikbehälter, der die Form einer Ming-Karaffe hatte, Wein, schimmernd vor Orden wie ein kongolesischer General und an die zehn verschiedene Pakete, die »aufgemacht« waren in Pastellrosa, Veronese-Grün, Tahiti-Blau – oder dem Blau der südlichen Meere – und Norwegisch-Blond; auf mein Wort, man konnte meinen, besagte Hausfrau hätte sich geweigert, die verpackte Ware in einer Farbe zu kaufen, die ihr Bukett verunziert hätte. So übrigens nannte der überschwengliche Redakteur tatsächlich besagte Einkaufstasche. Es ist nicht zum Lachen. Man denkt an die arme Törin (die Mehrzahl armer Törinnen, leider!), die seine Ratschläge für bare Münze nahm. Sie war übrigens ebenfalls abgebildet, die arme Törin, und selbst auf ähnliche Weise »aufgemacht« in synthetischen Stoffen, die »moderne Trageeigenschaften« haben, das Einkaufstaschen-Bukett über dem Arm, ebenso weit entfernt von einer wahren Hausfrau wie von Beteigeuze* oder Kassiopeia**. Mit ihren Streichholzarmen, ihren Heuschreckenbeinen, ihrer Schmetterlingsbrust, ihrem Giraffenhals, ihrem verdutzten Aussehen, ihrer zarten Lockenfrisur sah man sie wirklich keine Kohlsuppe zubereiten. Doch man lebt von Kohlsuppe und nicht von Pergamentpapier oder Aluminiumfolie und wären sie auch zu einem Bukett angeordnet. Man hat geschickt das Interesse der kleinen Geister vom Wesentlichen aufs Nebensächliche übergehen lassen, um dieses Nebensächliche unerläßlich zu machen und es sehr teuer an Leute zu verkaufen, die es nicht benötigen und es kaufen, um es in den Mülleimer zu werfen. Daß meine Butter sauber eingepackt wird, bravo! Aber man muß daraus keine Staatsaffäre machen. Das Entscheidende ist, daß sie frisch ist. Ja, aber wer würde Butter, und sei sie von erlesenster Frische, kaufen, die in schwarzes Papier verpackt wäre? Und damit sind wir wieder bei der so häßlichen Frau, deren Seele so schön war.

Das Gesicht wird von den Leidenschaften, den Ereignissen, dem »Sozialen« geprägt. Das Gesicht von

* Stern 1. Größe im Orion (Anm. d. Verl.)

** Sternbild des nördlichen Himmels (Anm. d. Verl.)

vor dem Krieg 1914 existiert nicht mehr; dasjenige von vor dem Krieg von 1939 ist im Begriff, endgültig zu verschwinden. Dennoch, wenn wir alte Daguerreotypien betrachten und von den Frisuren und Kostümen absehen, finden wir darauf die Gesichter, denen wir fünf Minuten zuvor auf der Straße begegnet sind. Beweis dafür, wie wenig wir bedeuten: so wenig, daß die Erosion der Jahrhunderte uns unberührt läßt. Wenn wir einen Freund wiedersehen, den wir seit langem aus den Augen verloren hatten, und ihm sagen: »Du hast dich nicht verändert!«, verfehlt unsere Heuchelei die Höflichkeit: das ist kein Kompliment. Es ist sehr wahr, daß man vom sogenannten »reifen« Alter an das Gesicht hat, das man verdient.

Ich habe die Bekanntschaft eines Monsignore gemacht, der zur Erholung nach Frankreich gekommen war. Man bot ihm in einem Schloß des Haut-Var Unterkunft. Er verwandte seine Mußezeit dazu, eine Studie über Racine zu schreiben. Er war ein Aristokrat, elegant. Seine Soutanen waren von gutem Zuschnitt: ich habe ihn immer im Verdacht gehabt, sie bei einem großen Damenschneider zu bestellen. Auf unseren Spaziergängen begegneten wir manchmal dem armen Pfarrer eines Dorfes aus der Umgebung. »Wenn man ein Gottesmann ist«, sagte Monsignore, »hat man nicht das Recht, häßlich zu sein.« Ich glaube doch.

Vor einiger Zeit habe ich in Rom einem Kardinal von dieser scherzhaften Bemerkung erzählt. Er begnügte sich damit zu lächeln. Dieser Kirchenfürst war nicht schön, aber er war ein Fürst und das war deutlich.

11. März 1963

DAS PHANTOM DER HELENA

Alle Helden der *Ilias* sind (verzeihen Sie den Ausdruck) auf miese Art hereingelegt worden. Die Götter hatten das Phantom der Helena geschaffen, und dieses Trugbild sahen die Griechen auf den Mauern Trojas. Als die Stadt eingenommen war, verflog es. Übrig blieb lediglich eine alte Frau, die in der Tat Helena hieß, aber um derentwillen selbstverständlich niemand hätte sterben wollen.

Uns ermangelt es heutzutage nicht an Phantomen solcher Art. Das, welches am schönsten zu sein scheint und die größten Blutbäder anrichtet, heißt »Das Glück der künftigen Generationen«. Seit einem halben Jahrhundert hat das sogenannte Glück der künftigen Generationen das Unglück aller gegenwärtigen Generationen bewirkt. Als man entdeckte, daß der Umschlag der Rohstoffe eine gewaltige Quelle des Reichtums ist, sind die Regierungschefs zu Bandenchefs geworden und haben es nötig gehabt, die allgemeine Aufmerksamkeit auf Köder umzuleiten: selbstverständlich ist dieses Glück der künftigen Generationen nicht der einzige, aber derjenige, der für den aktiven, also romantischen Teil aller Nationen die größte Verführung darstellt. Was ist aufmunternder für einen »wackeren jungen Mann« – und manche bleiben bis ins fünfundsechzigste Jahr »wackere junge Männer« –, als sich für die künftige Generation zu opfern? So etwas verschafft einem, sogar mitten in der übelsten Schandtat, ein gutes Gewissen. Das ist wirklich das nec plus ultra geistiger Bequemlichkeit. Außer den Professionellen, die ihr Metier kennen und es ausüben, haben alle Revolutionäre eine kleine sentimentale Ader, mit der man immer rechnen muß. Im braven Volk hat die rote Seele seit 1848 keinen mächtigen Fortschritt gemacht. Sie ist geblieben, was sie war, verträumt und opferbereit, als wüßte sie instinktiv, daß man sich nie ungestraft auflehnt. Um seinen Blick von dem, was vorgeht, abzulenken, hat man zum Gebrauch für das Volk das Glück der künftigen Generation erfunden.

Ich hörte dieser Tage einen Minister über das Jahr 2000 reden (es war kein sehr guter Minister, da ein besserer bereits über »das Jahrhundert nach dem Jahr 2000« geredet hat). Er behauptete, wir müßten ab sofort für Sportstadien von fünfhunderttausend Sitzplätzen sorgen. Er stützte seine Behauptungen auf Statistiken der demographischen Prognosen. »Paris wird«, sagte er, »fünfzehn Millionen Einwohner haben.« Er befand dementsprechend über die Bevölkerung der anderen Städte, es war ein Jonglieren mit Millionen. Während er im Zuge war vorauszusehen, dachte ich mir, daß wir derzeit viel glücklicher gewesen wären, wenn er einfach die Fähigkeit zu sehen gehabt hätte.

Einige von uns können sich fünfzig oder sechzig Jahre zurückerinnern (das Jahr 2000 liegt nur noch gute dreißig Jahre vor uns), und ich erinnere mich an eine Zeit, in der es keinen Fußball gab. Einer meiner Freunde, der seither Präsident irgendeines Real Madrid geworden ist, hat sich die ganze frühe Jugend hindurch an den Worten *goal average* berauscht, deren Bedeutung er nicht kannte (ich kenne sie übrigens immer noch nicht), die sich aber im Weltbild eines kleinen Provinzlers aus dem Alpendepartement gut ausnahmen. Vor diesem »Fußball« also, der sich durchgesetzt hat, aber nicht »vorauszusehen« war, spielte man Sonntagnachmittags auf den freien Plätzen Barlauf. Jedermann legte sich ins Zeug: Männer, Frauen, Jungen, Mädchen, kleine Kinder. Es war, was immer man wollte: Sport, Hochzeitstanz, Familienunterhaltung usw. Alles, was sich eine kleine Provinzstadt wünschen kann, um sich Bewegung zu verschaffen und dabei zu zerstreuen. Stellen wir uns einmal vor, wie komisch ein Minister wirken würde, der damals folgendermaßen geredet hätte: »Gemäß den Berechnungen meines Büros wird Paris 1963 fünf Millionen Einwohner haben. Und die Gesamtbevölkerung Frankreichs wird im selben Verhältnis zugenommen haben. Wir müssen ab sofort darauf hinarbeiten, Plätze zu schaffen, auf denen jedermann nach Belieben dem Barlauf huldigen kann. Aus diesem Grund und infolgedessen werde ich die Steuern für ... erhöhen, usw.« Wer leistet uns Gewähr dafür, daß im Jahr 2000 die Massen sich weiterhin auf die Zuschauerränge setzen werden, um zu sehen, wie zweiundzwanzig stramme Kerle sich einen runden Ball streitig machen? Bis dahin wird vielleicht der Sprung eines Flohs in einem Kristallwürfel das große Volksvergnügen sein oder das Lancieren der Volksmengen – die begierig darauf sind, das Weekend in der Umgebung des Monds ohne Luft zu verbringen – in die richtige Umlaufbahn.

Ich habe absichtlich spaßige Beispiele gewählt, es gibt andere, die weniger spaßig sind. Ich denke an das, was man uns 1914 oder, um nicht so weit zurückzugehen, 1939 gesagt hatte. Gott weiß, daß ich aus einer Familie stamme, für die die Zukunft zählte. Die Nächte meines Vaters und meiner Mutter waren vom Phantom der Helena heimgesucht, das das Phantom der Krankheit und vor allem des chirurgischen Eingriffs war. Ich spreche von den Jahren 1900–1905. Wir besaßen als einzige Rücklage zweihundert Francs in Münzen in einem kleinen, in die hinterste Schublade der Kommode gestopften Beutel. Das war alles, was wir hatten sparen können, vor allem durch den Verzicht auf die Zigarre zu einem Sou, die mein Vater so gern sonntags rauchte. Was tun, wenn einer von uns plötzlich operiert werden mußte? Der bloße Gedanke daran raubte den Schlaf. Ich erhielt später, wie es sich gehörte, ein Sparbuch, in das die kleinen Summen eingetragen wurden, mit denen ich mir sofort einige Freuden hätte verschaffen können. Als ich Jahre darauf mein »Kapital« abhob, genügte es kaum, um ein Dutzend Taschentücher zu kaufen. Das hat mich aber nicht kuriert: kürzlich habe ich das Sparbuch meiner Tochter Aline wiedergefunden. Darin ist kein großer Betrag vermerkt, aber 1930 konnte man mit tausend Francs schon etwas anfangen. Was kann man jetzt damit anfangen?

Auf der Ebene des Individuums bedeutet dies nur eine Kette folgenloser Illusionen, deren allmählicher Verlust zu geistiger Gesundung führt, auf der Ebene der Nation aber? Um so mehr, als dieses Glück der künftigen Generationen von der gegenwärtigen Generation immer ein Opfer verlangt. Es ist fast immer ein Geldopfer, also ein Zusatz an Arbeit, ein Zusatz an Ermüdung, ein Verlust an Freude, eine verfehlte Gelegenheit zum Genuß. Auf der Stelle opfern wir etwas für uns sehr Kostbares, was für die zukünftigen Anderen ohne Wert sein wird. Im Jahr 2100 wird es auf der Erde kein einziges der Lebewesen mehr geben, die sie heute bevölkern, mit Ausnahme einiger Bäume. Weder ein Hund, noch ein Pferd, noch eine Fliege, noch ein Mann, noch eine Frau, nichts von dem, was heute da ist, wird dann noch da sein. Alles wird neu und gänzlich verschieden sein von dem jetzt Bestehenden. Wie wollen Sie heute wissen, was Wesen zusagen wird, die wir uns nicht einmal vorstellen können? Die wer weiß womit fertigwerden müssen? Die vom Glück wer weiß welchen Begriff haben werden? Die das Leben wer weiß wie verstehen werden? Und für diese ungewisse Zukunft wollen Sie die gute fette Gegenwart opfern? In Wirklichkeit ist das nur ein Vorwand, und denen, die ihn benutzen, sind die künftigen Generationen schnurzegal. Sie haben sie nur zugunsten ihrer Politik erfunden. Solange wir unsere Augen auf diesen Ausblick richten, können sie ungestraft Pfunde lebendigen Fleisches abschneiden, ohne daß wir über das fließende Blut beunruhigt wären.

Hier haben wir ein Volk, das große finanzielle Opfer bringt, um die Vormachtstellung zu erreichen, weil die schlaue Regierung sehr wohl weiß, daß das gemeine Volk Glück von Oberherrschaft nicht zu trennen vermag. Und es ist eine Generation, die sich zum Trompetenschall des zufriedenen Gewissens freudig opfert. Für das persönliche Wohlergehen einiger Päpste sind die Menschen bereit, auf ihr Leben zu verzichten.

Zum Schluß nun aber möchte ich sagen, daß ich die künftigen Generationen sehr liebe. Sicher ist, daß, wie ich oben ausführte, die lebendige Materie im Jahr 2100 völlig erneuert sein wird (ausgenommen einige große Bäume), aber es ist nicht weniger sicher, daß diese Materie aus der unseren durch sukzessive Abstammung hervorgegangen, daß sie strenggenommen aus unserer Materie gemacht sein wird. Man begreift daher, daß das einzige Mittel, die künftigen Generationen glücklich zu machen, darin besteht, die heutige Generation glücklich zu machen. Erstens weil man über eine heutige Generation nach der anderen heutigen Generation zu dieser berühmten künftigen Generation gelangen wird und weil das Glück, wenn es so von einer Hand zur anderen weitergereicht wird, ohne daß man es je aus den Augen verliert, mit Sicherheit dorthin gelangt, wo man es haben will, und vor allem, weil der Umgang mit dem Glück zu Praktiken führt, Veranlagungen schafft, manche Veränderungen in den Leidenschaften bewirkt: Praktiken, Veranlagungen, Veränderungen, dic cine Fähigkeit verleihen, das Glück zu genießen und bisweilen sogar, wenn es notwendig ist, es frei zu erfinden.

Nehmen wir also unsere Gebieter beim Wort: Sie wollen die künftigen Generationen glücklich machen? Einverstanden! Schauen wir nicht mehr auf das Phantom der Helena, gebt uns sofort die Praxis des Glücks.

22. März 1963

DER FRÜHLING

Und warum sollte nicht auch ich über den Frühling sprechen? Er ist heute Thema in jedem Sender, in den Zeilen aller Zeitungen, und zwar beschwert man sich darüber, daß er dem Winter gleicht. Dies, weil wir auf einem Mißverständnis beharren. Mein Freund Maxim Girieux, der in Nizza Französisch lehrte, pflegte jedes Jahr einen Aufsatz über den Frühling schreiben zu lassen. Aber er fügte hinzu: »Der erste, der die lieben Vöglein singen läßt, sitzt am Sonntag nach.« Dies, weil er klar sah und hörte. Natürlich singen die Vögel, aber es ist ein heuchlerischer, wütender Gesang, wie er bei jeder Liebe auf Erden den Vorsitz führt. Im übrigen hat man uns ewig die Ohren vollgestopft mit Gänseblümchen und Osterblüte, als seien wir in die Wandteppiche der *Dame mit dem Einhorn* versetzt. Doch die Wahrheit ist das ganz und gar nicht. Die Wahrheit ist, daß der Frühling die revolutionäre Jahreszeit schlechthin ist; die Vögel singen, die Blumen blühen, aber unter dem stürmischsten Himmel des Jahres. Bei der ersten Wärme glauben wir bereits, der Sommer sei da, obwohl er noch in unendlicher Ferne ist und der Norden nicht aufgehört hat, Hagel und Schnee zu mahlen. Beim ersten Sonnenstrahl wähnen wir, den Winter wie ein Hemd abzulegen und sodann in der Festtagswäsche dazustehen. Das kommt daher, weil wir uns an dem, was ist, im allgemeinen nicht zu erfreuen verstehen und unser Glück immer an Zukunftshoffnungen knüpfen. Dabei ist nichts schöner als diese Unwetter, diese von Licht durchzogenen Finsternisse, diese am Himmel hüpfenden Blitze, diese mit goldenem Regen beladenen Winde, diese Himmel voller einstürzender und sich wieder neu türmender Babel. Sie erwarteten Wärme und statt dessen nun diese Kälte? Genießen Sie die Kälte: wenn sie einbricht, so deshalb, weil Ihr Glück sich heute mit ihr aufbauen soll.

Sie werden sagen, ich hätte gut reden. Stimmt nicht. Einst, so um die Zeit des Palmsonntags, gab mir meine Mutter drei Francs und sagte mir: »Geh dir beim Estéphane einen Hut kaufen.« Der Hut war ein Canotier* aus Stroh und der Estéphane ein sonderbarer Mann, ein Piemonteser, der Stefano Marinesi hieß. Er hatte eine ganz eigene Art, Hüte zu verkaufen. Einen Laden hatte er nicht, aber ein riesiges Lager in einem leerstehenden ehemaligen Theater. Im Parterre, auf den ihrer Sessel entledigten Galerien, auf der Bühne standen ungeheure Lattenkisten voller Hüte. Und damit basta. Er, der gewaltig war, thronte auf seinem Stuhl. Man kam, und er sagte, ohne seinen Stuhl zu verlassen: »Schau in dieser Kiste nach.« Man tauchte die Hand hinein, man zog Canotiers hervor, man probierte sie vor einem kleinen Spiegel auf.

Ich kaufte also einen Canotier; mein wahnwitziges Verlangen stand nach einem Panamahut, ein Verlangen, das ich nie habe befriedigen können: die Panamas kosteten fünf Francs. Außer dem Canotier erlaubte mir der Frühling, den man mir bereitete, noch eine weiße Leinenhose. Sie hing seit einigen Tagen, ganz sauber und schön gebügelt, zusammengefaltet über der Lehne eines Stuhls, der neben meinem Bett stand. Unmöglich,

* Flacher Strohhut mit platter Krempe. (Anm. d. Verl.)

sie nicht zu sehen, unmöglich, sich nicht das bewundernde Staunen der Völkerscharen auszumalen, wenn ich in dieser Hose und mit dem Canotier von Estéphane ausginge. Das war das Ergötzen jeden Abends. Gleichfalls jeden Abend aber hörte ich das Donnergetöse und die Hagelschauer, die meine Fensterläden peitschten. Das schlechte Wetter war gewiß vorübergehend, denn offiziell herrschte Frühling, das heißt, der einundzwanzigste März war vorüber. Gleichwohl sorgte ich mich ein wenig, jedenfalls achtete ich auf jedes von außen kommende Geräusch. Mein Zimmer war nicht weit vom Glockenstuhl entfernt, wo ich den Wind pfeifen und den eisernen Hahn quietschen hörte, und trotz meines festen Vorsatzes, von meinem Bett wenigstens eine Decke wegzunehmen, zog ich sie im Lauf der Nacht unwillkürlich wieder über mich.

Habe ich den Frühling vielleicht verflucht! Wenn nicht den Frühling, so jedenfalls dieses schlechte Wetter, das man Frühling nannte. Ich mochte noch so sehr jeden Morgen den Himmel erforschen, wenn er blau war, dann hockte gewiß in irgendeinem Winkel eine kleine Haufenwolke, die nichts weiter wünschte, als größer zu werden, und noch ehe es Mittag schlug, war die Sache getan. Und erst die von allen Strichen der Windrose kommenden Stürme, man hätte meinen können, die vier Windrichtungen genügten ihnen nicht; und fürchterliche Kälte, ich mußte wieder zum alten Mantel greifen, den ich den ganzen Winter getragen und von dem ich genug hatte. An anderen Tagen war es ganz eindeutig, von sieben Uhr morgens an grollte der Himmel, der schwarz war wie ein Kanonenschlag, die Dachrinnen entleerten sich aus vollen Röhren: ein Wetter, in dem man keinen Hund, noch weniger eine weiße Hose und einen Strohhut hinauslassen würde.

»Es wird schon besser werden«, sagte ich mir in der heimlichen Überzeugung, daß ich noch lange darauf warten könnte, einer Überzeugung, die sich von einem Tag zum anderen bestätigte. Ich ging sogar so weit, daß ich meine unschuldigen Kleider abends vor dem Spiegel anzog, während draußen die Posaunen des Weltuntergangs posaunten. Zwar empfand ich deutlich die Lächerlichkeit meines Verhaltens, aber auch, daß alle Fénélons, Télémaques und jungen Anarcharsisse* der Schöpfung mich mit ihrer Himmelsbläue, ihren Butterblumen, ihrem Weißdorn und ihrem leichten Zephyr betrogen hatten. Was den Zephyr betrifft, so war er ein wütender Sturm und eiskalt genug, um einem das Gesicht zu zerschneiden. Beim bloßen Anblick der weißen Hose fröstelte ich, und der Strohhut mochte mir noch so prächtig stehen – wie ich feststellte, wenn ich mich im Spiegel betrachtete –, ich mußte mich damit abfinden, nicht mehr Aufsehen zu machen als im Winter, das heißt wenig.

Grund genug um zu wüten! Jetzt jedoch, da es sich für mein Alter nicht mehr paßt, Aufsehen zu machen, bemerke ich, daß diese stürmischen Wetter, diese ersten Unwetter, diese Frühlinge voll wunderbarer Romantik sind. Was gibt es Leereres und Faderes als den von einem Ende des Horizonts bis zum anderen reingefegten blauen Himmel, der uns im Sommer überdacht? Was gibt es Langweiligeres als eine unwandelbare

* Anarcharsis, skyth. Fürst des frühen 6. Jhs. v. Chr., Urbild des klugen Barbaren, wurde zu den 7 Weisen gerechnet. (Anm. d. Verl.)

Sonne, die jeden Tag die gewohnte Bahn zieht, ohne je gestört zu werden? Als ein Licht, das unermüdlich, ohne Abweichung, heute wieder den Rundgang um die Dinge macht, den es gestern gemacht hat und morgen machen wird? Es ist mir unmöglich, mich für diese Gewißheiten zu begeistern. Um den Preis einigen Schauderns, das mir übrigens sogleich angenehm erscheint, habe ich verwegenere Unwetter lieber. Die Gewitter, was werden sie für Folgen haben? Der Wind, was wird er mit sich fortreißen oder mit sich bringen? Die Böen, in welcher Seele werden sie heulen? Was mich hin und her stößt, erzwingt meine Aufmerksamkeit. Habe ich Angst? Die Angst unterhält mich. Solange ich es mir in den Sesseln der Zivilisation nicht allzu bequem mache, langweile ich mich nicht. Wenn ich gegen mich ankämpfen muß, steht alles zum Besten. Auch ist da noch das körperliche Vergnügen. Die Mischung von Kälte und Hitze war eben deshalb immer köstlich, weil die eine und die andere innerhalb der Mischung im Widerstreit sind; hinter den Wolkenwänden ändert das Licht seinen Schmelz und das Auge freut sich über eine umgestoßene Gewohnheit. Wenn man die Taten der Menschen genau betrachtet und seinen Gedanken ein wenig Phantasie erlaubt, stellt man fest, daß sie hauptsächlich versucht haben, ihre Kugel (oder ihre Welt) anders herum zu drehen.

Das gleiche gilt für das Leben. Das wäre nun banal, wenn ich damit nicht sagen wollte, daß uns mit dem Schlechten meist besser gedient ist als mit dem Guten.

3. März 1963

DAS HÄUSLICHE GLÜCK

Die Einnahmen eines Ölmagnaten verführen den Klempner, der etwas an meinem Badeofen lötet, zum Träumen. »Eine Milliarde pro Tag! Denken Sie!« – »Nein, eben nicht, wenn es so weit kommt, höre ich auf zu denken. Und Sie?« Er ja, er denkt. Er sagt mir, was er mit all dem Geld anfangen würde, gerät aber schnell außer Atem. Kaum hat er eine arme kleine Million ausgegeben, als er, am Ende mit seinen Einfällen, aufhört. Ich sporne ihn an, dränge ihn nach Kräften, aber da ist nichts mehr zu machen, er kann nicht weiter. »He, aufgepaßt, Sie haben kaum den tausendsten Teil Ihrer täglichen Einnahmen ausgegeben, und ich befürchte sogar, daß Sie mit diesem tausendsten Teil für eine ganze Weile gesättigt sind. Dieser goldene Regen wird sich aber jeden Tag über Ihr Haupt ergießen.« Er versichert, er werde sich schon zu helfen wissen, aber ich muß mich mit dieser Versicherung zufrieden geben und mit seiner Miene, die um einiges weniger fröhlich ist als zuvor.

Er hat nicht daran gedacht, mir das Maul zu stopfen, indem er sich auf die Wohltätigkeit besann, für die eine Milliarde am Tag wenig ist. Er ahnt auch nicht, daß er das, was er sucht, bereits hat. Ich weiß es aus Erfahrung.

Nach dem Tod meines Vaters im Jahr 1920 schrumpfte das Haus. Meine schon sehr betagte Mutter gab den Laden auf, in dem sie bisher ihren Beruf als Büglerin ausgeübt hatte und richtete ihre Wohnküche im zweiten Stock des Hauses in der ehemaligen Werkstatt meines Vaters ein. Ich hatte kurz zuvor geheiratet. Nach einem oder zwei Jahren der Wechselfälle, in denen wir unseren bescheidenen Hausrat in verschiedene Wohnungen trugen, hatten wir, Elise und ich, das Glück, im selben Haus und auf dem selben Flur wie meine Mutter drei freie Zimmer zu finden. Dies war wichtig: meine Mutter hatte keinerlei Geldmittel, ich mußte für ihren Unterhalt aufkommen. Elise war freundlicherweise sofort bereit gewesen, mit ihr zusammen zu wohnen (was nicht leicht war, meine Mutter hatte, was man als Charakter bezeichnet, das heißt oft einen unverträglichen). Ich hatte nur mein Gehalt als Bankangestellter; man kann sich denken, daß es sehr wenig war. Als sie mich heiratete, hatte Elise ihre Universitätslaufbahn aufgegeben, und da wir noch kinderlos waren, arbeitete sie ihrerseits sehr wacker; in einem Manosque des Jahres 1920 war auch das weder leicht noch sehr einträglich, kein Grund, sich etwas darauf einzubilden.

Von all dem spreche ich leichtens, denn es wurde mit der größten Gutwilligkeit der Welt getan und in beständigem Glück.

Die einstige Werkstatt meines Vaters, ein großer Raum mit Alkoven oben in einem baufälligen Haus, empfing sein Licht durch ein einziges rechteckiges kleines Fenster mit kleinen Scheiben, das auf bäuerliche Hofplätze hinausging, wo Karren abgestellt und an den Vorabenden der Markttage Hammel eingepfercht wurden. Höfe ohne Zierat also. Wenn man sie gründlich suchte, fand man manchmal die schöne Aussicht im Altgold der Dächer, in der Spitzenkrause eines Tortenbiskuits, aus der Schwalben aufflogen oder in dem wunderbaren Purpurrot, mit dem sich der Ton der regenfeuchten Ziegel färbte.

Ich hatte alle Zeit, mich im winterlichen Abenddämmerlicht an diesem Purpurrot zu erfreuen, das sich unter dem Sprühregen bis zu den großen bronzenen Massen der Hügel im Norden hinter der Stadt hinzog. Denn bei der feuchten Kälte tat es wohl, sonntags in der guten Ofenwärme am Fenster sitzen zu bleiben. Unsere Einkünfte erlaubten es Elise und mir nicht, jeden Sonntag ins Kino zu gehen: wären wir nur zu zweit gewesen, es hätte sein können, aber wir mußten für den Unterhalt aller sorgen. Deshalb stellten wir zwei Sessel (oh! zwei Korbsessel!) ans Fenster und, schon zufrieden, Seite an Seite und warm, vor dem Regen geschützt zu sitzen, gute Bücher zu lesen, waren wir überdies im wahren Sinn des Wortes bezaubert von der wunderbaren purpurroten Farbe, die, indem sie die Dächer der Stadt bedeckte, aus ihnen die Ausstattung, das Parkett und die Wandbehänge einer sehr romanhaften Handlung machte.

Die winterlichen Sonntagnachmittage waren gewöhnlich mit einem besonderen Küchenduft gewürzt und rochen nach der Nelke des Bratens, der auf kleiner Flamme auf dem Herd schmorte oder nach dem Zimt und dem Thymian eines gefüllten Kaninchens, denn die Abendmahlzeiten versammelten sonntags die beiden Familien, die meiner Frau und meine, und unsere Freunde.

Ich rufe Schatten empor. Mit meinem Schmorbraten und meinem gefüllten Kaninchen gleiche ich Odysseus und seinem Opfer am Rand der Gruft, die mit dem Totenreich in Verbindung steht. Und schon steigen jene, die wir geliebt haben, beim Duft der Bratenfette aus der Tiefe der Erde auf.

Als erste kamen, wenn es dunkel wurde, Elises Eltern: ihr Vater, ein freimütiger und fröhlicher guter kleiner Mann, immer bereit zu scherzen und zu lächeln, Perückenmacher seines Zeichens; ihre Mutter, eine große gute Frau mit sehr schönen Augen; ihre Großmutter, die sich dem Hundertsten näherte, die verkörperte Freundlichkeit, die Frau gewordene Klugheit, die aus allem mit einem langen Leben wie dem ihren verbundenen Unglück das Beste gemacht hatte. Sie brachten meist die Nachspeise mit: Krapfen, »Merveilles« genanntes Schmalzgebäck, einen Reiskuchen. Wir begannen uns im Kreise am Zimmerofen zu wärmen.

Ihnen folgten Monsieur und Madame Redortier. Sie, eine entfernte Verwandte meines Schwiegervaters, die Tante Noémie genannt, war schlicht, heiter, reich an Gelächter und Liedern. Er, der sich für Hunde und die Jagd und auch für Geistiges begeisterte, ging nicht so weit, viel zu lesen, sein Handel (er betrieb einen Obstversand) und seine Jagd ließen ihm keine Muße dazu, aber er hörte allem, was ich über die Bücher, die ich las, erzählte, begeistert zu. Sie brachten zuweilen im Kochtopf warmgehaltenen Hasenpfeffer mit oder junges Rebhuhn mit Linsen oder gerupfte und gespickte Drosseln, die nur noch zu braten waren, was zu tun Monsieur Redortier stets selbst übernahm, da er der geborene Grillkoch war.

Endlich traten unsere Freunde Henry ein: er, ein großer guter Koloß, grobschlächtig, aber von feinem scharfem Verstand; Madame Henry, rundlich und von einem dem der Tante Noémie ziemlich ähnlichen Temperament, was Schlichtheit und Lachlust betrifft, mit dem Unterschied jedoch, daß sie bei den Scherzen nie den ersten Anstoß gab. Sie brachten den Wein mit, roten und weißen und Most und manchmal hausgemachte Liköre von schrecklich hohem Zuckeranteil, aber gutem Duft, gutem Geschmack; sie waren auf drollige Weise infernalisch. Übrigens tranken wir sehr wenig.

Jetzt, da diese Geister emporsteigen, fällt mir auf, daß ich genötigt bin zu wiederholen, sie waren gut, die einen wie die anderen, von liebenswürdigem Wesen. Dies beweist jedenfalls die Tatsache, daß die Zusammenkünfte fast zwanzig Jahre lang weitergeführt wurden (von 1920 bis Kriegsbeginn 1939) ohne den geringsten Streit, ohne das geringste Mißverständnis; im Gegenteil, im Lauf der Zeit wurden unsere Bande der Zuneigung nur noch fester.

Gewiß, ich könnte jahrelang über sie schreiben und über meine Mutter, die ihren Schmorbraten aufdeckte und wieder zudeckte, das gefüllte Kaninchen aus dem Ofen nahm, es wieder hineinschob, während die Wochenzeitung für die ganze Gruppe mündlich verkündet wurde oder die »Nini«, von Tante Noémie und Madame Henry unterstützt, aus den Archiven ihrer vereinigten Erinnerungen Regionalgeschichte oder Familiengeschichte zum besten gab. Von daher und von allen jenen regenreichen winterlichen Sonntagnachmittagen her habe ich einen großen Teil des Fundus meiner Romane genommen.

Ach! Wie schnell muß ich über die Freuden jener Abende hinweggehen – die man heutzutage ein wenig einfältig fände –, um nicht über die Mittelmäßigkeit der gegenwärtigen Zeiten zu klagen. Wir trennten uns in später Nacht (das heißt gegen elf Uhr), nachdem wir einige alte Lieder gesungen und einige Geschichten angehört hatten. Der Augenblick des Auseinandergehens war der Augenblick unserer Pläne für den nächsten Sonntag.

Gewiß, es gibt gehobenere Unterhaltungen. Ich kenne welche, die einen aschigen Geschmack hinterlassen. Weder die einen noch die anderen hatten wir die Einnahmen eines Ölbarons, nicht einmal die eines »Ölknappen«; wir hatten überhaupt keine Kapitaleinnahmen. Wir machten keine Staatsaffäre daraus. Es wäre keinem von uns eingefallen, vom »Sozialen« Glück zu fordern, das »Soziale« damit zu beauftragen, uns glücklich zu machen: um diese höchst wichtige Angelegenheit kümmerten wir uns selbst. Wie man sieht, genügten uns die eigenen Möglichkeiten vollauf.

23. April 1963

PARIS

Ich habe mich ziemlich lange in Paris aufhalten müssen. Gestern abend bin ich zurückgekehrt. Zu meinem Haus gelange ich auf einem kleinen Pfad, der, wie man sagt, »nicht befahrbar« ist; ich tue übrigens alles Notwendige und sogar noch etwas mehr, damit er in diesem Zustand bleibt: man bedarf im Leben nicht so dringend der Fahrzeuge, und falls man ihrer manchmal bedarf, ist es doch ratsam, diese Bedürfnisse absichtlich einzuschränken.

Nach den Champs-Elysées gefiel mir dieser kleine Pfad gut. Eine Nachtigall breitete über die Nacht eine Herrschaft à la Ludwig XIV. aus; die Pappeln, die ich vor fünf oder sechs Jahren gepflanzt habe und die, als ich sie vor einem Monat verließ, noch kaum in Knospen gestanden hatten, hatten ihre Blätter entfaltet, ich sah es nicht, aber ich hörte es: sie empfingen mich mit dem ruhigen Regengeräusch, das die leiseste Brise im Blattwerk der Pappeln weckt. Zudem träumten sie; diese zwölf schönen großen Bäume schliefen wie die Kinder. Ich will nicht behaupten, daß Bäume im allgemeinen friedfertige Wesen sind: manche auf Anhöhen wachsenden, vereinzelten Buchen, manche tausendjährigen, in die Finsternisse der Wälder getauchten Eichen erschrecken, wenn sie erscheinen, wie Dschingis Khan auf seinem Pferd. Man sieht sogleich, daß ihre Seelen mit unseren nicht vergleichbar sind und sicherlich damit beschäftigt, Freudenräusche zu destillieren, bei denen wir Gefahr laufen umzukommen, ohne daß es sie im mindesten berührt. Und auch meine Pappeln sind nicht ganz gefahrlos. Doch gestern nacht träumten sie wie die Kinder unter drolligem leisem Geschnüffel und Knacken der Glieder, die den Schlaf und das heitere Traumleben genossen.

Ich roch auch den Duft der Rosen. Das kommt daher, daß ich meinen Garten ohne vorgefaßten Plan zusammengestellt habe. Zuvor muß ich sagen, daß der Garten nicht zu meinem Haus gehört. Zu einer gewissen Zeit wurde ich davon in Kenntnis gesetzt, daß ein genau unter dem Fenster meines Arbeitszimmers auf der anderen Seite des Pfades liegendes kleines Stück Land verkauft werden sollte und höchstwahrscheinlich an jemanden, der dort unverzüglich ein Landhäuschen für sonntags errichten würde. Mir standen garantiert Tänze und Refrains aus dem Kofferradio, eine vielköpfige Familie mit Bälgern, Schwiegersöhnen und der ganze laute Sommer der Krämer in Gemüsegärtennöten bevor. Adieu Stille! Glücklicherweise traf es sich, daß ich damals einige Sous hatte: ich kaufte das Grundstück. Gleich darauf mußte ich den Kampf gegen die Ratgeber eröffnen: sie sahen dort Beete mit Lauch, Salaten, Zwiebeln, grünen Bohnen, Erbsen; manche gingen bis zu Erdbeeren. Das Grundstück ist aber ganz klein: kaum fünfzig Meter lang. Diese Gemüse waren ja sehr schön, aber was würde ich nach viel Mühen schließlich haben? Ein paar Handvoll pflanzliche Nahrungsmittel, von denen in unserem bäuerlichen Land die Körbe der Krämer überquellen. Daraufhin lag man mir mit Obstgärten in den Ohren: Pfirsichbäume, Kirschbäume, Aprikosenbäume, man gaukelte (wenn man so sagen kann) meinen Geschmackspapillen Obstkörbchen vor. Eine Freundin war besonders geschickt darin. Sie geriet aus der Fassung, als ich beschloß, einfach Rosen zu setzen. »Überall?« – »Überall.« – »Und was werden Sie mit allen diesen Rosen machen?« fragte sie mich besorgt. – »Sie anschauen und an ihnen riechen.«

Jene Freundin erlebte indes einen kleinen Augenblick des Triumphs. Einige Jahre, nachdem ich meinen Rosengarten angelegt hatte, gingen viele meiner Rosenstöcke ein. Ich hatte jedoch Zeit genug gehabt, um dafür zu sorgen, daß die schönsten mir verblieben und auch um festzustellen, daß das, was in meinem Fenster am meisten fehlte (dem Fenster, das auf das kleine Stück Land blickte), schönes Laubwerk war. Ich liebe die Blätter der Pappeln und der Espen. Ich setzte mich also mit dem Forstamt in Verbindung, das mir zuerst sechs italienische Pappeln (sie erwiesen sich als mit amerikanischen gekreuzte italienische), dann, zwei Jahre später, zwei »Chinapappeln« genannte Silberpappeln lieferte, ähnlich jenen, die Pierre Gabriel Bonvalot* an den Ufern des Amu-Darja und um alle Tümpel Transoxaniens herum zeichnete. Der Boden, der für Rosenstöcke nicht so ganz geeignet war, eignete sich vollkommen für diese beiden Pappelarten. In wenigen Jahren erreichten sie eine Höhe von mehr als fünfzehn Metern, sie trieben Blätter so groß wie Platanenblätter und boten meinen Augen ein scharfes Grün, das wunderbar mit der Farbe der Rosen harmoniert. Außerdem ließen sie meinen Garten ansteigen, so daß ich jetzt vor meinem Fenster eine wunderbare Rosen- und Pappeltapete habe.

* französ. Asienreisender (1853–1933). (Anm. d. Verl.)

Daher kam der Duft. Wir hatten noch nicht geklingelt, damit man uns aufmachte. Die Nachtigall hatte um sich herum Saint-Simons*, Marquis de Chouppes'**, Fléchiers*** und Bossuets**** erstehen lassen; von allen Seiten schossen die abgerundetsten Phrasen und Harmonien auf, ganz und gar achtzehntes Jahrhundert, die denkbar ritterlich-militärischsten (mit einem sehr wollüstigen üblen kleinen Beigeschmack: »Madame liegt in den letzten Zügen, Madame ist tot«). Man achtet nie genug darauf, daß der Gesang der Vögel stets traurig, jedenfalls melancholisch ist, und außerdem hat er oft einen bösartigen Klang; es gibt keine heiteren Töne, keine, die Güte ausdrücken (wie das Liebesgewinsel des Hundes oder das Schnurren der Katze). Ganz gleich ob es sich um die Nachtigall, die Ringeltaube, die Meise oder selbst die Lerche handelt, nur ein oberflächlicher Beobachter kann in ihrem Gesang Heiterkeit finden. Der Vogel (wie der Baum) ist uns sehr fern; er ist eine andere Welt. Was aus einer anderen Welt stammt, trägt zwangsläufig unseren Empfindungen keine Rechnung. Daher die Eindrücke von Traurigkeit, Melancholie, Grausamkeit. Die Insekten sind ein vollkommenes Beispiel für dieses Mißverständnis. Selbst ein von nahem und ein wenig länger

* Saint-Simon, Louis de Rouvroy, Duc de (1675–1755), französ. Schriftsteller, berühmt durch seine *Memoiren*. (Anm. d. Verl.)

** Aymar, Marquis de Chouppes (1611–1673), Offizier, Politiker, hinterließ wichtige *Mémoires* über die Jahre 1625–1663. (Anm. d. Verl.)

*** Fléchier, Esprit (1632–1710), französ. Kanzelredner. (Anm. d. Verl.)

**** Bossuet, Jacques-Bénigne (1627–1704), französ. Theologe, berühmtester Kanzelredner zur Zeit Ludwigs XIV. (Anm. d. Verl.)

betrachteter Schmetterling sieht nicht heiter aus. Eigentlich beschleicht uns Angst, wenn wir das, was die Bibel die »Schöpfung« nennt, betrachten. Gott Vaters sechs Tage sind durchaus nicht einem Werk der Anmut gewidmet worden. Ich weiß wohl, man behauptet, daß es einst das irdische Paradies gegeben hat; ich bin eher versucht, mit den alten Griechen an die Wirklichkeit Pans zu glauben. Die Stimme, die zur Zeit des Tiberius auf dem Meer sprach, war nur eine Propagandastimme, eine Stimme, die Anhänger warb, sie log: Pan ist nicht tot.

Heute abend aber wollen wir uns jetzt endlich dazu entschließen, auf den Klingelknopf zu drücken, damit Fine uns öffnet und wir uns in unsere Betten legen können. Auf der Schwelle bereits habe ich mich meines Hundes erwehren müssen. Es ist ein feuerroter irischer Setter. Als die Freundin, die ihn mir vor drei Jahren geschenkt hat, mich zum Zwinger führte, sagte man mir: »Der da braucht nur Zärtlichkeit.« Ich habe ihn sofort gewählt. Vielleicht brauchte er Zärtlichkeit (er bekommt so viel er nur mag), vor allem aber hatte er viel Zärtlichkeit zu geben. Wenn er sich auf seine Hinterpfoten stellt, ist er so groß wie ich, und seine Leidenschaft ist es, mir die Ohren zu lecken. Seit einem Monat hat er dieses Vergnügen entbehrt; im Augenblick, da er mich gewahrt hat, versucht er die verlorene Zeit nachzuholen. Ich habe es sehr gern, daß man mir die Ohren leckt und besonders, daß man mir hineinbläst und dabei ein leises Liebesgewinsel ausstößt, aber wenn gleichzeitig dicke Pfoten an meiner Jacke kratzen und wenn vierzig Kilo Hund standgehalten werden müssen, bemühe ich mich, diese zärtliche Umarmung auf höchstens zehn Minuten zu beschränken. Auf zehn Minuten, denn man muß auf die Veranlagung des Hundes Rücksicht nehmen, auf nur zehn Minuten aber, denn man muß trotz allem noch wissen, was das Tuch einer Jacke (und das Fleisch eines Ohres) aushalten kann.

Und nun bin ich daheim. Aus den Augenwinkeln sehe ich Einbände von Büchern, die hölzerne Armlehne eines Sessels, die Ecke eines Rahmens glänzen. Der vertraute Duft eines Leinenvorhangs, eines Rips' umgibt mich wieder und der Moorgeruch der überflüssigerweise gescheuerten Fliesen. Das Haus hat mich in seine Arme genommen. Ich bin erstaunt, daß Paris sich derartig wichtig nimmt.

Mai 1963

DIE MASCHINE

Nicht der Mensch wird mit Hilfe der Maschine schließlich zum Mond gelangen, mit Hilfe des Menschen wird die Maschine schließlich zum Mond gelangen. Wir sind nicht die Rangersten; eine Rasse von zumeist metallischen, aus Schraubenbolzen, Kurbelstangen, Treibriemen, Zahnrädern, Zylindern und einem Haufen Zeugs zusammengesetzten Wesen hat uns vom Gipfel der Schöpfung verdrängt. Wir sind seither ihre Sklaven. Wir glauben noch zu handeln, obwohl man uns zum Handeln treibt; wir glauben, noch eine Art Entscheidungsfreiheit zu haben, obwohl seit langem Anordnungen von Metall über uns entscheiden; wir glauben, noch eine Seele zu haben, obwohl sie seit den großen Entdekkungen des zwanzigsten Jahrhunderts nicht mehr durch unser Blut, sondern durch Benzin, weiße Kohle oder Kernspaltung produziert wird.

Der Gedanke liegt mir fern, mich auf die metaphysische Ebene begeben zu wollen, bleiben wir in der Praxis, begnügen wir uns damit, die Dinge an den ihnen zukommenden Platz zu rücken. Seit einer Ewigkeit ist beispielsweise das Auto kein Transportmittel mehr; es ist eine Maschine, die gern spazierenfährt und sich zu diesem Zweck des Menschen bedient. Man muß jeder Spur von Beobachtungsgabe bar sein, um zu glauben, daß der Mensch sich des Automobils bedient. Schauen Sie gut hin, beobachten Sie und beobachten Sie sich selbst, Sie werden verblüfft feststellen, daß das Automobil sich des Menschen bedient, um spazierenzufahren, daß es sich Ihrer bedient. Übrigens ist Ihr Instinkt darüber bereits in Unruhe geraten; in Ihrem sogenannten Unbewußten ist Ihnen dies bekannt, lediglich eine Art primitiver, aus den weltlichen Zeiten des ausgehenden neunzehnten Jahrhunderts ererbter Stolz hindert Sie daran, es zuzugeben. Trotzdem entschlüpft Ihnen manchmal die Wahrheit. Es ist gang und gäbe, wenn man sich in einer großen Stadt im Auto (mühsam) fortbewegt, von den Verkehrsstauungen irritiert, zu sagen: »Diese Städte sind für das Auto nicht geeignet.« Das ist eine Tatsache, und sehr schöne Städte: Rom, Paris usw. sind für die Menschen geeignet. Für Sie, als Sie noch Menschen waren; und nun, da Sie keine mehr sind, träumen Sie davon, sie aufzureißen, ihre Denkmäler, ihre Schönheit zu zerstören, auf daß sie endlich »für das Auto« geeignet seien. Die Schönheit, dank derer diese Städte des Menschen würdig waren, sehen Sie nicht mehr, Sie sehen eine andere, »des Autos« würdige Schönheit. Das ganze Straßennetz Frankreichs und des Auslands, der Welt ist im Begriff, sich zu ändern, nicht um dem Menschen angepaßter, sondern um dem Auto angepaßt zu sein. Der Traum des Menschen, bisher der kleine, von schönen Bäumen überschattete, sich durch die Wiesen schlängelnde Weg, ist vom Traum des Automobils geregelt worden: die Autobahn ohne Bäume, ohne Schatten, ohne Kreuzungen, ohne Dörfer, mit möglichst vielen ansteigenden und absteigenden schnurgeraden Spuren. Die Landschaft zählt nicht mehr. Wenn Sie sich des Automobils bedienten, würde sie weiterhin zählen; da es das Automobil ist, das sich Ihrer bedient und ihm die Landschaft piepegal ist, ist sie Ihnen piepegal. Sie störten es in seinem Vergnügen, als es Ihnen Vergnügen machte (das ist lange her) anzuhalten, um Narzissen, Veilchen, Thymian, Kirschen zu pflücken oder vor einem schönen Aussichtspunkt, einer romanischen Kapelle oder im Schatten der Bäume zu schlendern, vor allem unter den im Mai blühenden Akazien, die einen so betörenden Duft haben. Es befiehlt, Sie sind nur mehr sein Angestellter, sein Domestik und durch ein Verhalten, das alle Hausangestellten-Gewerkschaften verurteilen würden, hat es Sie gezwungen, das zu lieben, was es liebt.

Es kommt nicht mehr in Frage, daß Sie Ihrem Vergnügen folgen, daß Sie anhalten, wenn etwas Ihr Interesse erregt: Sie haben kein anderes Interesse mehr, als nicht anzuhalten. Sie würden Ihrem Herrn und Meister alles opfern, Sie haben auf seinen Altären bereits die Freuden, die die Kultur für Sie bereithielt, die Kenntnis des Universums als Opfergabe dargebracht; keine Lektüren mehr, kein Wissensdurst mehr; Ihr einziges und Ihnen vollauf genügendes Glück besteht darin, sich hinter Ihr Lenkrad zu setzen, die Hände um den Schalthebel zu krampfen, durch Osmose zu einem mechanischen Stück des höheren (und beinahe höchsten) Wesens zu werden, das Sie beherrscht und zähmt. Sie stellen ihm Ihr Hab und Gut zur Verfügung, manchmal sogar Ihr ganzes affektives System. Wenn morgen Ihre gefährdete soziale Lage Sie nötigte, Ihren Lebensstil einzuschränken, würden Sie sich und Ihren Kindern das Brot vom Munde absparen, ehe Sie auch nur auf den Gedanken kämen, Ihren Benzinverbrauch (oder richtiger seinen Benzinverbrauch) zu verringern. In fünf bis sechs Jahren, vielleicht auch früher – es ist nur eine Frage der verfügbaren Mittel –, wird das ganze Gesicht der Welt zu etwas werden, was nicht mehr dem Menschen, sondern einer Automobil genannten Maschine gefällt. Man muß nur die amerikanischen Automobilparks im Umkreis von Sportplätzen sehen. Zehntausend ordentlich aufgestellte Automobile haben ihre vierzigtausend Sklaven in einer Wanne aus armiertem Beton eingeschlossen, um sie während zwei Stunden gesundheitsfördernd toben und schreien zu lassen, ehe sie wieder vor das Joch, nein das Lenkrad gespannt werden. Das ist ein bescheidener Vorgeschmack der Zukunft. Vergessen wir nicht, die Maschine weiß, daß wir süchtig genug sind, um ihre Reproduktion anvertraut zu bekommen. Es sind die Menschen selbst, die, indem sie sich eine »Fließbandarbeit« auferlegen, die Maschinen in einem immer schnelleren Tempo reproduzieren. Auf ein Kind, das wir zeugen, kommen sechs Automobile und zwanzig Maschinen aller Arten, die wir zur Welt bringen. Bald werden wir unter einem »Rassismus« des Metalls allem, was unsere einstige Größe ausmachte, entsagen.

Um so mehr, als es einen Geheimbund der Maschinen gibt und sie sich gegenseitig helfen, um unsere Unterwerfung zu festigen. Ein solches Sklaven-Unternehmen kann nur Erfolg haben, wenn das Subjekt politisch mit Sorgfalt in einem Zustand angemessener Verblödung bewahrt wird. Hier schalten sich andere Maschinen ein, die nicht weltweit in Gebrauch sind, wie etwa die Rechenmaschinen, angefangen bei denen des Buchhalters bis hin zu denen des Pentagons, aber sich auf die allgemeine Dynamik auswirken, indem sie die (für andere Maschinen notwendige) schnelle Berechnung und die mühelose Entscheidung zur Gewohnheit machen. Es ist schon üblich, in den Bereichen, die man für die hohen Sphären der Intelligenz hält, sich nicht mehr um die Lösung der Probleme zu kümmern (welche automatisch zu liefern die Maschine übernimmt), sondern lediglich die Problemstellung angemessen zu formulieren. Man denke über die Folgen dieser Gewohnheit nach. Einstein sagte: »Die Phantasie ist mehr wert als das Wissen.« Und er setzte hinzu: »Vor allem in dem, was die exakten Wissenschaften betrifft.« Doch die Maschine hat alles außer Phantasie, es sei denn, sie ist »gestört«. Dann ist sie keine Maschine mehr, sie erfindet ein Moment der Poesie, sie vollführt die Arbeit nicht mehr, für die sie geschaffen worden ist. Sie wird aus der Gesellschaft der Maschinen verstoßen. Man kann »sich vorstellen«, daß der Tag kommen wird, an dem der große Chef eines großen Pentagons, der Sklaverei überdrüssig, Rechenmaschinen nur noch mit der formellen Garantie kauft, daß sie sorgfältig gestört sind. Aber bis es dahin kommt (und zum Automobil, das unaufgefordert – von seiten des Chauffeurs – vor einer schönen Landschaft die Seele aushaucht) – wie viele Unglücke stehen uns noch bevor.

Denn eine andere Maschine, eine sehr sonderbare und in hunderttausenden Exemplaren verbreitete, macht sich an die mittelmäßigen Intelligenzen heran. Man findet sie in fast allen Häusern, deren gesamte Belegschaft sie mobilisiert, vom Familienoberhaupt über die Amme bis zum Brustkind. Es ist die Maschine, die sich anstaunen läßt. Sie zwingt Sie, sich vor sie hin zu begeben und sie anzusehen, ohne sie aus den Augen zu lassen. Sie dient rein nur dazu: angesehen zu werden. Sie spricht übrigens. Man sieht sie an und hört ihr zu. Was sie sagt, ist keinen Pfifferling wert, und was sie zeigt, ist nicht schön, aber sorgfältig ausgewählte Massenkost, die im allgemeinen keine Anstrengung fordert, und die, wenn sie ein klein wenig Anstrengung fordert, dies nur tut, um ihrem Anbeter-Zuhörer die köstliche Empfindung zu vermitteln, von überragender Intelligenz zu sein. Erkennen Sie, worauf man damit möglicherweise zugeht? Man geht darauf zu und zwar im Eiltempo. Man geht so sehr darauf zu, daß sogenannte – oder sich so nennende – moderne Geister bereits daran denken, die Lehrer der höheren Schulen und selbst die Hochschullehrer durch diese Art Maschinen zu ersetzen. Der Einfluß des Metalls, des Getriebes und der elektrischen Lampe auf die Geister bringt sie so weit, ihre Unterwerfung und selbst ihre eigene Vernichtung zu ersinnen und zu wünschen. Es ist eine Tatsache, daß eine sehr zahme Menschenrasse künftig den Planeten bewohnen wird, da sie unablässig und unaufhörlich Automobile spazierenfährt, sich Berechnungen anvertraut, die fix und fertig wie die Eier aus dem Huhn aus der Rechenmaschine kommen und überdies vom Fernsehen geformt und gebildet wird. Man denke beispielsweise nur einmal an die Bedeutung der Schreibmaschine in der Kunst des Schreibens; man muß nicht sehr bewandert sein, um sofort zu erraten, ob ein Text mit der Maschine oder mit der Hand geschrieben (und gedacht) worden ist. Alles wird in diesem Sinne umgewandelt werden: die Liebe, der Haß, die Freude, das Unglück, das Glück, die Beziehungen zwischen dem, was man aus Gewohnheit weiterhin »den Menschen« nennt, bis die Wortfindungsmaschine einen mit der Wirklichkeit besser in Einklang stehenden Ausdruck vorschreibt. Gewahrt man nicht bereits, daß die

Regierungen – deren die Maschinen sich seit langem bemächtigt haben – alle ihre Kräfte (und die Steuer, die sie durch unseren Schweiß erwirtschaften) für Ziele einsetzen, die für die Maschine und nicht für die Menschen günstig sind. Man muß nur sehen, welcher Anteil in den Staatshaushalten auf die Raketen, Sputniks und sonstigen Cadaraches* entfällt.

Bleibt noch das Entsetzlichste zu sagen: »Die hergestellten Gegenstände, die Maschinenteile, die Maschinen selbst sind die Formen, welche die Metalle aus eigenem Entschluß angenommen hätten, wenn sie die Kühnheit besessen hätten, ihre Intelligenz offen zu zeigen.«

12. Juni 1963

* Cadarache = französisches Kernforschungszentrum. (Anm. d. Verl.)

DER DÜNKEL

Ein deutliches Kennzeichen des Dünkels und der Eitelkeit des Menschen ist die unvermischte Bewunderung, die er für alles, was er erfindet, hegt. Während er auf seinen kritischen Sinn sehr stolz ist (und so weit geht, sich seiner sinnwidrig zu bedienen), erhebt er, sobald es sich um eine seiner sogenannten Wissenschaft entsprungene Erfindung handelt, keinen Einspruch, sondern bewundert. Alles, was er erfindet, hält er für vortrefflich. Doch läßt sich leicht denken, daß dies nicht unbedingt wahr sein muß. Das Mindeste, was man sagen könnte, ist, daß die Erfindungen zufällig zustande kommen, und es wäre höchst außergewöhnlich, wenn der Zufall immer zu guten Erfindungen führte. Übrigens zu wozu guten oder im Zusammenhang womit guten? Man sagt, alle diese Erfindungen seien Fortschritte. Der Begriff des Fortschritts ist eine Vorstellung des Geistes, in der Natur existiert er nicht. Zudem, was bedeutet fortschreiten, wenn es ein Fortschreiten um des Fortschreitens willen ist, wenn es in diesem Fortschritt nicht irgendwo einen Absatz, einen Gipfel, eine Rast gibt (die zum Beispiel das Glück wäre), über die hinaus weiter fortzuschreiten unnütz oder unmöglich wäre?

Nie war das Wort Menschheit so sinnentleert wie in eben dem Augenblick, da wir verkünden, es sei unsere Absicht, den Planeten zu einigen. Wir sind in tausend widerstreitende Parteien gespalten, und die Neigung zum Rassismus geht mit einer Schnelligkeit ohnegleichen vom Weißen auf den Schwarzen über. Jeder will zur auserwählten Rasse oder Partei werden; keiner denkt daran zu fraternisieren, vielmehr will jeder beherrschen, vornehmlich derjenige, der sich noch gestern für versklavt hielt. Wozu wäre die Freiheit nütze, wenn nicht dazu, den zu beherrschen, der beherrscht hatte. Gleich zu sein genügt nicht. Daher ein Bockspringen und ein Spiel: »beherrschst du mich, beherrsche ich dich«, bei dem, was man törichterweise »die Menschenliebe« nennt, in tausend Säuretröpfchen zerspringt. Diese Abschweifung um zuzugeben, daß es schwierig ist, die »schlechte Erfindung« zu verwerfen: sie würde unverzüglich aus der Abfallgrube geholt, um »zuständigen Orts« zu dienen. Ich denke zum Beispiel an das, was man gemeinhin die »Atombombe« nennt. Tatsache ist, daß derjenige, der ihre Erfindung als schlecht abgelehnt hätte, der Gelackmeierte gewesen wäre. Aber ich mische mich nicht in den Lauf der Welt ein, ich versuche lediglich zu sehen, ob es unmöglich ist, uns von unserem Dünkel zu befreien.

Der Mensch ist winzig. Pascals »denkendes Rohr« ist noch zuviel; »winzig« ist das zutreffende Wort. Sein Wissen ist dementsprechend. Nichts ist natürlicher als beispielsweise die Entfernungen im Kosmos; um von ihnen – keine Ahnung, aber – eine einfache graphische Darstellung zu erhalten, muß man der Einheit hunderte von Nullen anfügen. Dies, weil der Maßbegriff oder richtiger der menschliche Maßstab nicht paßt. Wir haben, werden Sie mir sagen, Kenntnisse, die uns von diesem Maßstab befreien. In welchem Verhältnis? Dies eben weiß man nicht. Man hat einen Fußball auf den Mond geschickt. Man spricht von einem Wunder. Man läßt Unglückliche um die Erde kreisen: man glaubt sogleich, daß wir ins Weltall vorstoßen. Sehen wir einmal genauer hin.

Falls man, wenn sie sich auf der ersten Seite zwischen einer zerstückelten Frau und einem Aufstand der Bauern breitmacht, der Nachricht Glauben schenkt, sind wir »zu den Sternen gesprungen«, und von diesem Sprung an beginnt man sofort von Stern zu Stern zu springen. Nach Ansicht der Astronomen ist es etwas ganz anderes.

»Es ist winzig«, sagte mir einer von ihnen und nahm meinen vorhin gebrauchten Ausdruck wieder auf. »Ich will nicht von der technischen Leistung sprechen, die in Anbetracht dessen, was wir in Wirklichkeit sind, bemerkenswert ist. Ich will vom Ergebnis sprechen. Hier der kosmische Maßstab«: und er zeichnete zwei Fragmente konzentrischer Kurven von sehr großem Durchmesser, die fast miteinander verschmolzen, so nahe waren sie einander. Die innere Kurve, sagte er mir, sei die Erdoberfläche, die äußere die Kreisbahn des sogenannten »künstlichen Satelliten«. Er hatte kaum abgehoben.

Sie werden mir entgegenhalten, daß vor noch nicht allzu langer Zeit die Flugzeuge Sprünge von fünfzehn Meter Länge in drei Meter Höhe vollführt haben. Wir werden von den Flugzeugen reden, aber ich möchte die Aussage des Astronomen zu Ende zitieren, um im voraus allen zu antworten, die sich mit vergifteter Nahrung auf der Grundlage von Astronauten, Raumfahrt, Lichtgeschwindigkeit, Venusianer, Marsianer, fliegenden Untertassen und extragalaktischen Flügen vollstopfen.

»Alles in allem«, sagte mir der Mann der Wissenschaft, »gleichen die derzeitigen Errungenschaften, die Milliarden Krankenhäuser und Bibliotheken in nichts aufgehen lassen, denen, welche die sehr geübten Turnkünstler am fliegenden Trapez zustande bringen. Ihre Nummern bedeuten nicht, daß die Menschheit sich demnächst aufmacht, durch die Gewölbe zu voltigieren, noch insbesondere, daß sie dabei profitieren wird.«

Kommen wir zum Flugzeug, denn man wird nicht versäumen, mir zu entgegnen, daß wir da zunächst auch nur Tiefflüge veranstaltet haben. Und wie weit sind wir jetzt?

Ich erinnere mich an meine Jugendzeit. »Der Mensch fliegt«; die Titel liefen quer über alle Zeitungen. Fliegt man heute? Nein. Man durchquert immer schneller, immer mehr in der Art eines Geschosses die Luft, aber man fliegt nicht. Wenn Sie wissen wollen, was Fliegen ist, beobachten Sie die Fliege. Nicht den Vogel, sondern die Fliege; nicht den Adler, sondern die Fliege oder den Großen Kohlweißling (aber ich ziehe die Fliege vor).

Gerade eben habe ich drei oder vier beobachtet. Heute weht ein starker Mistral; der Wind ist so gewalttätig, daß er die Zypressen niederbeugt. Meine drei oder vier Fliegen kümmerte das nicht. Sie schwebten in der Luft, unbewegt, trotz des Windes, gegen den sie sogar aufstiegen, wenn sie Lust hatten. Um den Sturm, in dem sich die Fliegen nach Belieben (ich sage besser: gleichgültig) hin- und herbewegten, zu den Kräften in Vergleich zu setzen, die unsere Überschallflugzeuge davontragen, muß man sich Millionen von vereinten Zyklonen vorstellen, in denen, wie wir wohl wissen, unser Flugzeug wie ein Strohhalm zerbrechen würde.

Aber da ist noch mehr, die Fliege fliegt vorwärts,

rückwärts, bleibt mitten im Flug stehen, fliegt wieder weiter, setzt sich auf einen Stecknadelkopf oder mit dem Kopf nach unten an die Decke, umkreist die Dinge, läßt sich auf ihnen nieder, hebt von ihnen ab; sie kann nicht ohne fliegen sein. Können wir, nachdem wir sie beobachtet haben, sagen, wir flögen? Nein, wir projizieren Geschosse in die Luft, die sodann von starren Flügelchen – eine Mischung aus Granate und Hirschkäfer – in ihrer Flugbahn gehalten werden. Diese Geschosse müssen bei Todesstrafe auf sorgsam vorbereitete, genau festgelegte – solange das Geschoß nicht auf der Landefläche aufgesetzt hat –, von Tausenden von Hirnen in Alarmzustand überwachte Fixpunkte gelenkt werden. Dies läßt sich nicht einmal mit dem Vogel vergleichen. Was die Fliege anbelangt, brauchen wir es gar nicht erst zu versuchen; ich schaue ihr zu: sie tanzt vergnügt im Innern eines Trinkglases.

Ich sagte, in der Natur gibt es keinen Fortschritt; das Glück hingegen gibt es: Wir haben jenen erfunden, der uns in neun von zehn Malen zwingt, aus Gründen des Hochmuts dieses zu verlieren. Es fällt nicht schwer, glückliche Tiere zu entdecken: Katzen, Hunde, Vögel, Schafe, Forellen in klaren Wassern. Sie werden mir sagen, daß wir die Schafe töten, die Forellen angeln, die Vögel schießen, von den Wölfen, den Hechten, den Raubvögeln ganz zu schweigen, aber diesbezüglich sind wir alle in der Hand Gottes und es fehlt uns selbst nicht an Kriegsministern. Gewiß ist, daß die Mehrzahl der Tiere (und wenn man es überlegt, darf man sogar sagen, die Gesamtheit der Tiere) sehr oft glücklich ist, ein Glück empfindet, nach dem wir die Lust, auf das wir den Geschmack verloren haben. Glauben Sie, daß der in seinen Raumanzug verpackte Astronaut in seinem Helm auf dem Weg zu diesem Glück ist? Und wenn er nicht zum Glück gelangt, wohin gelangt er dann? Wozu nützt es, sein Geschoß mehr und mehr über das Erdniveau zu heben, den Mond zu erreichen, Venus, Mars, irgendeinen Andromedanebel oder die letzten Tiefen des Weltalls, wenn man im Zustand der in ihren Kokon verwickelten Larve hingelangt? Wenn man noch die Kompliziertheit der Berechnungen in Betracht zieht, das fliegende Trapez der Manöver, die Unterwerfung unter eine Ordnung ohne Beziehung zur natürlichen Ordnung der Dinge, dann scheint es durchaus, daß, sofern wir je in diesem Sinne irgendwohin gelangen, dies nur unter Verlust unserer Eigenschaft als Menschen, unseres Status geschehen wird: dessentwegen wir geschaffen und in die Welt gesetzt worden sind. Man vergißt, daß, wie für den Hund, die Katze, das Schaf, die Schwalbe oder die Forelle unser Status das Glück ist. Wir besitzen anscheinend sogar den Vorteil, ein geistiges Glück zu erreichen, das (meiner Ansicht nach) dazu bestimmt ist, unser tierisches Glück zu verschönen. Alle stimmen darin überein zu behaupten, und eben mit Hochmut zu behaupten, unser zwanzigstes Jahrhundert sei das Jahrhundert des Fortschritts. Ist es deshalb das Jahrhundert des Glücks? Nein. Was dann?

DIE GERÄUSCHE

Ein Gewitter hat mich auf dem Spaziergang überrascht. In einem Alter, in dem man rennt, bin ich nicht mehr, aber ich bin in jenem Alter, in dem man sich erinnert. Ich habe mich an eine kleine Grotte erinnert, in der ich als Kind den Robinson spielte. Ich habe dort Unterschlupf gesucht. Sie hat sich nicht verändert, ich mich auch nicht. Ich habe mich auf einen Stein gesetzt. Ich habe zugeschaut, wie der Regen fiel und habe dem Donner zugehört.

Der Donner ist eines der schönsten Geräusche, die es gibt. Ohne deshalb ein Angsthase zu sein, kann man es selbstverständlich nicht verhindern, daß man zusammenzuckt, wenn es blitzt, aber wenn der Donner grollt, ist das Geräusch schön, mag er es mit noch so viel Getöse tun. Ich will sagen, daß es das Ohr befriedigt.

Um meinen Gedanken zu Ende zu führen, muß ich mich sogleich der Erinnerung an ein anderes Geräusch entledigen, das ich schön fand und das nicht schön war; sagen wir einmal: ein Geräusch, das ich mit Wohlgefallen hörte (was von dem Gefühl, mit dem man den Donner hört, sehr weit entfernt ist). Das war 1939, als ich im Fort Saint-Nicolas in Marseille interniert war. Von meiner Zelle oben über der Grabenböschung aus hörte ich das Leben der Stadt. Mit dem Abend, dann der Nacht, kam und wuchs die Stille. In der Stille, wenn es etwa neun Uhr sein mußte, hörte ich die Trambahn auf dem Boulevard de la Corderie, deren Schienen in der Kurve kreischten. Dieses Geräusch fand ich schön oder hörte ich wenigstens mit Wohlgefallen. Man wird unschwer verstehen warum. Später, als ich bei einem Freund Zuflucht gefunden hatte (es war im Winter), hörte ich, ebenfalls mit Wohlgefallen, die Nachtzüge in den Stürmen wie toll pfeifen, während sie durch die Gare de la Blancard fuhren. Der Regen schlug gegen die Fenster meines Zimmers, der kalte Wind rüttelte an ihnen, ich lag schön warm unter einem Federbett. Das alles versteht sich auch.

Nicht von solcher Schönheit, zu der mein Herz beiträgt oder die es in Wirklichkeit erfindet, will ich sprechen, sondern von einer Schönheit, von der man sagen könnte, daß sie ein Pferd oder einen Hund erfreuen würde. Sie werden mir entgegnen, daß die Hunde und die Pferde vor dem Donner Angst haben: manche, das ist offensichtlich, für andere gilt das nicht, und ich kenne welche oder vielmehr habe welche gekannt: ich habe einen Hund gehabt, der auf meine Art Spaß daran fand. Bei denen, die Angst haben, weiß man übrigens nicht, bis zu welchem Grad sie nicht mit ihrer Angst spielen. Jedenfalls tun dies die Füchse, die Wiesel, die Wildschweine, die Tiere der Wildnis.

In meiner kleinen Grotte, deren Schutz prekär ist und, sofern mein Herz mitspielte, eher ein Gefühl der Unsicherheit aufkommen ließe, ist meine Zufriedenheit rein körperlich; ein Arzt würde hierfür eine Erklärung finden oder ein Physiker, vielleicht ein Philosoph. Ich suche keine, ich begnüge mich damit, mein Vergnügen zu genießen. Sehr hoch am Himmel werden Echos geweckt, sehr fern am Horizont, und dieses maßlose, aber noch mit der menschlichen Natur vereinbare Geräusch bringt Räume, denen ich mich für gewöhnlich nicht nähere, in Reichweite meiner Empfindung.

Meine Neugier ergötzt sich; endlich gelange ich dahin, mir ganz einfach einzugestehen, daß manche Geräusche schön sind, während andere häßlich sind. Zum Beispiel hat eben noch, ehe das Gewitter losbrach, mein Hügelpfad mich einige hundert Meter oberhalb einer Straße entlanggeführt, auf der Lastwagen einen anderen Gang einlegten. Das war von einer betrüblichen Häßlichkeit.

Ich bin nicht der einzige, der das Geräusch des Donners für schön hält. Ich las in einer chinesischen Chronik aus der Endzeit der Han-Dynastie: »Das Ansehen, das Ihr genießt, hallte in meinen Ohren gleich Donnerschlägen.« Nun weiß man, daß die Chinesen der Schönheit der Klänge eine solche Bedeutung beimaßen, daß es eine der Aufgaben des Kaisers war, den richtigen, also schönen, von einer kleinen Kupferröhre erzeugten Ton zu bestimmen, nach dem die Maßeinheiten der Rauminhalte und Längen vereinbart wurden. Es war demnach für ein ganzes Volk sehr wichtig, daß die Wahl zwischen richtigen, also schönen, und häßlichen Tönen (die ich als unrichtige bezeichnen möchte) getroffen wurde. Die durch Gärten laufenden Berieselungsbäche oder die von einem heißen Sonnenstrahl im kühlen Schatten, wo man seine Siesta hält, gefangene Wespe erzeugen an heißen Nachmittagen Geräusche, die ich schön finde. Das Laub der Pappeln ahmt, aber mit einer poetischen Verfeinerung, das Geräusch des Regens nach; das der windbewegten Kiefern, aber auf eine »gespenstische Art«, das Schürfen des ruhigen Meeres auf dem Sand der Strände. Wenn man die Ströme zu Göttern erhoben hat, so weil die die Täler hinabfließenden Wassermassen sie mit einem Göttern angemessenen Atem durchziehen; und wenn der Olymp ein Berg ist, so, weil, was man dort Stille nennt, ein Gemisch von hundert zarten Geräuschen ist, in denen das Ohr schwelgt.

Doch in unserem wunderbaren zwanzigsten Jahrhundert ist es nicht leicht, sich Flüsse oder auch nur Pappeln zur täglichen Gesellschaft zu nehmen. Man ist in Städten oder in sogenannten »Wohnkomplexen« oder gar Trabantenstädten eingeschlossen, und die Straßen transportieren bis in die kleinsten Dörfer einen Schwall von Blech und Verbrennungsmotoren. Man kann nur noch zwischen dürftigen Geräuschen wie dem der Schreibmaschine beispielsweise oder der großen Warenhäuser oder der Postgebäude usw. und den rundheraus häßlichen Geräuschen wählen, wie dem der Chausseewanzen oder der Autos oder der Straße ganz allgemein oder dem der Rohrleitungen in den Häusern. Man weiß, was aus den Menschen wird, die sich mit wertlosen Lebensmitteln oder von Abfällen ernähren; das gleiche Los trifft die Menschen, deren Sinne nicht mehr von wertvoller Kost genährt werden. Die Geräusche sind sehr wesentlich bei der Entstehung, der guten Entwicklung und der Gesundheit des Menschen (die Formen und die Farben zählen gleichfalls und deshalb müßte das Gesetz die irrwitzigen Ausgeburten der Architekten bestrafen, die jede einen bewaffneten Überfall oder richtiger einen Überfall mit »bewehrtem Zement« darstellen). Bedenken wir, daß der Geist einer bestimmten Generation, zum Beispiel der 1940 geborenen, immer nur von wertloser Kost und Abfall genährt worden ist, und wundern wir uns nicht darüber, daß die Schreie eines Esels kürzlich mehr als fünftausend Dummköpfe auf der Place de la Nation versammelt haben.

Ich habe nie geglaubt, daß die Schule oder die Schulen genügten, um einen Menschen zu machen; die Lebensarbeit ist dazu nötig. Die Tiere haben mehr Glück als wir. Ein kleiner Fuchs wird von der Natur großartig unterstützt; nahezu unfehlbar wird er ein großer Fuchs. Zwischen einen kleinen Menschen und das Leben stellen sich alle Erfindungen des Menschen, ihre Geräusche, die nicht schön sind, ihre Farben, die nicht schön sind, ihre Gerüche, die schlecht sind. Die Sinne mancher dieser kleinen Menschen werden niemals von anderen Dingen genährt. Es ist nur folgerichtig, normal und natürlich, daß ihre Sinne absterben. Sie werden nie zu Menschen im wahren Sinne des Wortes; sie sind alles mögliche andere: kleine Strolche, kleine Idioten, Sklaven ihrer Nerven. Seit der Erfindung des Traktors ist eine neue Bauernrasse entstanden, seit der Verbreitung des Automobils ist eine neue Rasse von Städtern entstanden und sogar eine neue philosophische Rasse: befragen Sie die politischen Parteien, die bisher von der Ausnutzung des Proletariats lebten, über sie. Nehmen wir mit den Propheten der Neuzeit an, daß diese durch die den Sinnen gebotene neue Nahrung bewirkte Veränderung wünschenswert sei. Es scheint mir gleichwohl, daß ich sehr besorgt wäre um einen Menschen, der sich von grünen Knollenblätterpilzen ernährte.

Ich bemerkte, daß das Gewitter vorüber war.

9. Juli 1963

DER SPORT

Ich bin dagegen. Ich bin dagegen, weil es einen Sportminister gibt und keinen Glücksminister (man wird mich weiterhin vom Glück reden hören, dem einzigen vernünftigen Ziel des Daseins). Was den Sport anbelangt, der einen Minister benötigt (wegen einer Menge Gründe übrigens, die nichts mit Sport zu tun haben), so geht da folgendes vor sich: Vierzigtausend Personen setzen sich in die Ränge eines Stadions und zweiundzwanzig Typen trampeln mit den Füßen auf einem Ball herum. Fügen wir je nach Gegend eine halbe Million Leute hinzu, die im Toto oder in der Auswahlwette spielen, und Sie haben das, was man Sport nennt. Es ist eine Vorstellung, ein Spiel, eine Masche; man sagt auch eine Profession: es gibt da die Professionellen und die Amateure. Professionelle und Amateure sind nie mehr als Zweiundzwanzig oder höchstens Sechsundzwanzig an der Zahl; die Sportler, die in den Rängen sitzen mit Würstchen, Bierflaschen, Spruchbändern, Megaphonen und Nerven sind vierzig-, fünfzig- oder hunderttausend; man träumt von Stadien mit einer Million Plätzen in Ländern, wo in den Krankenhäusern hunderttausend Betten fehlen, und Sie können jede Wette eingehen, daß das Stadion schließlich gebaut wird und daß die Kranken aus Platzmangel weiterhin nicht richtig versorgt werden. Der Sport ist geheiligt; dabei ist er der größte Schwindel der modernen Zeiten. Es ist nicht wahr, daß Sport Gesundheit bedeutet, es ist nicht wahr, daß er Schönheit bedeutet, es ist nicht wahr, daß er Zucht bedeutet, es ist nicht wahr, daß er ein Merkmal der Zivilisation, der starken Rasse oder von sonst irgend etwas Achtenswertem und Logischem ist. Ich will dies näher ausführen.

1914 bin ich mit einem schmalen Brustkorb, mit mageren Gliedmaßen, blasser Gesichtsfarbe und kurzem Atem als das ganze Gegenteil eines Sportlers in den Krieg gezogen. Und ich war nicht der einzige: die Massigen waren vor Fett massig, die Rotgesichtigen vor Blutandrang rotgesichtig. Man braucht nur die unzähligen Photographien der Jahrgänge 10, 11, 12, 13 usw. anzusehen. Ich werde mich hüten zu bemerken, daß wir jenen Krieg gewonnen haben, gewonnen aufgrund von Ausdauer, Geduld, endlosen Mühen und Charakterstärke. Ich beschränke mich darauf, von dem zu sprechen, was insbesondere mich betrifft. Ich habe im Eis, im Hagel, im Schnee, im Schlamm, in der Scheiße gelegen, ich bin unter den Granaten und den Kugeln der Maschinengewehre nach allen Seiten gelaufen, gelaufen in der seltsamen Ausstaffierung, die der Soldatenmantel aus Tuch (winters wie sommers), das Koppel, die gegen die Beine schlagende Bajonettasche, die an die Seiten gehefteten Patronentaschen, der Sack auf dem Rücken mit einem Marschgepäck, Brotbeutel und Kanister plus Granaten und Kartuschen bildeten. In diesem Geschirr bin ich gelaufen und in diesem Geschirr habe ich gekämpft, das heißt, ich habe wie die Kameraden mit dem Bajonett angegriffen, nicht einmal, sondern zehnmal. Ich habe Brot gegessen, dessen Inneres ein Eisblock war, ich habe im Winter 1917 gefrorenen Wein zerkaut. Vor Verdun hat man mir alle Tage gewaltsam Ätherschnaps eingeflößt, ich bin, bepackt wie ein Esel, zu Fuß von Belfort bis Dünkirchen, von Santerre bis zu den Eparges und einmal, in einer einzigen Etappe, von Gonesse nach Vic-sur-Aisne marschiert, achtundneunzig Kilometer (genug, um Kennedys Bruder, der ein zweifacher Sportler, weil Sportler und Amerikaner ist, vor Neid zerspringen zu lassen), ich habe das alles munter, mühelos getan mit meinem schmalen Brustkorb, meinen mageren Gliedmaßen, meiner blassen Gesichtsfarbe, meinem kurzen Atem, ohne einen Tag krank zu sein und fünf Jahre lang.

Zu einer Zeit, da kein Sport getrieben wurde, bestieg man den Mont Blanc auf noch ungebahnten Wegen im Klappzylinder und in Knopfstiefeletten; die großen Expeditionen der Sportler, die den Everest sozusagen erobern wollen, würden nicht über die Höhe des Eiffelturms hinausgelangen, wenn sie nicht von den Einwohnern des Landes, die überhaupt keinen Sport treiben, unterstützt und nahezu getragen würden. Wenn Jazy in Frankreich, Belgien, Schweden, der UdSSR, wo Sie wollen, wo auch immer läuft – warum nicht, falls es ihm Spaß macht? Wenn es hunderttausend oder zweihunderttausend Personen beliebt, ihn laufen zu sehen, warum nicht? Aber man mache daraus keine Sensation, denn was ist es schon? Ein Mann, der läuft; und was beweist das? Absolut nichts. Hat es den Lauf der Welt verändert, wenn ein Soundso als erster oben auf dem Aubisque* ankommt? Daß es manche nach diesem Schauspiel gelüstet, nochmals: warum nicht? Es stört mich nicht. Es stört mich dagegen, wenn Sie mir sagen, wir alle müßten als erste oben auf dem Aubisque

* Col d'Aubisque, Straßenpaß in den Pyrenäen (1710 m). (Anm. d. Verl.)

ankommen, um nicht unseren Rang in der Hierarchie der Nationen zu verlieren. Es stört mich, wenn wir, um sozusagen dieses – lächerliche – Ziel zu erreichen, die wirkliche Arbeit des Menschen vernachlässigen. Ich bin es ganz zufrieden, daß dieser oder jene im Schmetterlingsschwimmen »eine beachtliche Zeit erreicht« (um wie ein Sportler zu reden); das ist meiner Ansicht nach für den, der die Leistung vollbracht hat, ein Anlaß, sich einen Spätnachmittag lang zu freuen, aber bei weitem kein Anlaß, die öffentlichen Gebäude zu beflaggen.

Der Sport ist von den angelsächsischen Ländern zu uns gekommen, von denen zu sagen, sie seien langsamen Geistes, nur höflich ist. Seit Jahren schon ist alles, was aus diesen Ländern kommt, bei Ländern wie dem unsern, die, wie es scheint, lebhaften Geistes sind, in Mode. Von da bis zum Verlust unserer Lebhaftigkeit ist es nur ein Schritt. Gewiß, ich bin nicht für ein Zimmerdasein, die frische Luft stört mich nicht, ganz im Gegenteil, solange man in ihr leben will. Was ist trübseliger, was ist armseliger als der Rasen eines Stadions, sagen wir einmal zur Stunde des Trainings; denn ich denke mir, daß Sie von all der Literatur, die man über den Sport (wie über die Corrida) ausgespuckt hat, beeinflußt, eisern an die Askese der Athleten glauben und daß das, was für Sie zählt, der feierliche Augenblick ist, in dem der Mensch »sich selbst zu übertreffen« versucht und nicht der Augenblick, in dem er vor hunderttausend Zuschauern Eindruck zu machen sucht. Ich sage bewußt: armselige Landschaft, eine Art skelettdürre Algebra. Hören wir uns an, was ein mit dieser Algebra vertrauter Sportler zu sagen hat, es ist zum Davonlaufen. Schlimmer als das. Es ist so, daß man vor Beklemmung einen Frosch in die Kehle bekommt. Es ist so, daß man sich fragt, wohin wir noch kommen werden. Es ist sogar so, daß man sich sagt, besser sterben als dahin kommen.

Tatsache aber ist, daß man mit den Segnungen der Behörden dahin drängt, begleitet von den Fanfaren der vollzählig versammelten R.T. F. [Radiodiffusion-Télévision française = französische Rundfunk- und Fernsehanstalten], mit Krediten, die besser anders verwendet würden. Wir haben keine modernen Privatschulen, keine modernen Gymnasien, keine modernen Fakultäten außer in Dakar, unsere Bibliotheken sind mittelalterlich, unsere Volksschulklassen sind in Ausschußwagen der S.N.C.F. [Société nationale des chemins de fer français = Staatliche französische Eisenbahngesellschaft] untergebracht, wir haben zu wenig Professoren, zu wenig Lehrer, die gesetzliche Verordnung für unsere Assistenzärzte in den Krankenhäusern gehört ins Gebiet von *Onkel Toms Hütte*, und wir sind bereit, Hunderte von Milliarden für die nächsten Olympischen Spiele auszugeben.

Zur Zeit der letzten Spiele in Rom war ich gerade dort. Die Römer hatten für die Spiele eine wahrhaft gigantische Arbeit vollbracht: Autobahnen mit sechs Fahrspuren über mehr als hundert Kilometer im Umkreis der Hauptstadt angelegt, Tunnels durch Berge getrieben, andere Berge mit dem Bulldozer aufgeworfen, Paläste aus 1001 Nacht gebaut, um die Boxkämpfe zu beherbergen, ellipsenförmige Stadien von ich weiß nicht wieviel hunderttausend Plätzen für die Leichtathletik, den Radsport, den Fußball, nicht gerechnet die Schwimmbecken, die für die Regatten eingerichteten Seen usw. Ich habe bei vielen Wettkämpfen zugeschaut, ich saß mit Menschen aller Nationalitäten, mit Monsignores, Trasteverinern, Kanadiern und sonstigen Japanern auf den Rängen. Niemand – das kann ich beschwören –, niemand interessierte sich nach etwa einer Viertelstunde mehr für das, was unten im »geheiligten Oval« vor sich ging. Man picknickte, man stopfte sich mit Gelati, Bier, Coca-Cola voll, man flirtete (sogar mehr als das), man politisierte und von Zeit zu Zeit grölte ein bestimmter Teil des Publikums im Chor, weil eine bestimmte Fahne am Klettermast hochging. Ich habe nie so viele Fettwänste, Bauchansätze, enge Brustkörbe, magere Gliedmaßen, bleiche Gesichter und Kurzatmige gesehen wie in diesen Rängen. Unten tobte eine kleine Prise Athleten wie Grillen in ihrer Kampfschachtel. Nichts Großartiges (ich will sagen von göttlichem Ausmaß wie zum Beispiel die Hauttransplantation bei Verletzten mit hochgradigen Verbrennungen), das die mit den Schwerarbeiten für dieses Herumtollen von Oberschülern verbundene Ausgabe von Geldern und körperliche Anstrengung gerechtfertigt hätte.

Man wird mir entgegnen, daß seit zahlreichen Jahren alle Nobelpreise für Physik, Chemie, Biologie an die ausgesprochen sportlichen Nationen gehen. Dies ist so und zwar deshalb, weil eine Sache eine andere nicht determiniert; ein Gelehrter (oder ein Gebildeter) kann sportlich sein, aber er ist nicht gelehrt oder gebildet, weil er sportlich ist. Ich werde mich erst an dem Tag geschlagen geben, an dem das Mittel – ich sage nicht einmal gegen den Krebs, sondern gegen den Stockschnupfen von einem Baseballchampion entdeckt wird.

DER FAULPELZ

Ich bin dem Faulpelz begegnet. Ein astreiner Faulpelz war er übrigens nicht: er hatte einen zweiten Preis in Englisch und einen kerngesunden Menschenverstand.

»Ich werde immer einen Apotheker oder Drogisten finden, der zeit meines Lebens für mich Chemie treibt, sofern das Bedürfnis danach entsteht und einen Optiker, der sich betätigt, im Falle ich ein wenig Physik benötige. Zu was sollten mir in der übrigen Zeit die Kenntnisse dessen nützen, was man uns in Chemie und Physik bis zur Unterprima beibringt?«

Es fiel mir leicht zu gestehen, daß ich jedenfalls die dem Erlernen dieser Fächer gewidmete Zeit nur verloren hatte.

»Wer hingegen«, fuhr er fort, »wird die lebenden Sprachen an meiner Stelle sprechen, wenn ich sie nicht kann? Man hält mich für total beknackt, weil ich neugierig bin und zwar nicht nur auf das, was die Behörden, die mich nicht kennen, in einem Programm vorgeschrieben haben. Einen Verstand, der sich zur rechten Zeit, an dem und dem Tag, zu der und der Stunde für die Variationen des Binoms, das Hypotenusenquadrat oder die kommunizierenden Gefäße bereitstellt, habe ich nicht. Diese Dinge werden mich vielleicht in zehn Jahren interessieren (oder nie). Im Moment, da man mich zwingen will, sie zu lernen, bin ich wie aus Holz und geneigt, mich für ganz andere Dinge zu interessieren, die oft ebenso viel Intelligenz und Aufmerksamkeit fordern.

Geschichte gefällt mir. Vielleicht nicht Ludwig XV. (ich meine, er hatte unrecht), aber ich hätte es gern, wenn man mir Geschichten über Dschingis Khan, Tamerlan erzählte; im letzten Jahr habe ich während der ganzen großen Ferien den städtischen Preis für Gymnastik gelesen, der mir verliehen worden war, einen Reisebericht Bonvalots über das Land Tamerlans. So dumm bin ich nicht, nicht zu wissen, daß alles miteinander verknüpft ist und daß man, vielleicht, von Tamerlan zu Ludwig XV. gelangen kann. Ohne im Fach zu glänzen, höre ich dem zu, was man im Philosophieunterricht sagt. Aber stellen Sie sich vor, unser Geschichtslehrer ist ein Mann, der ein Lebensgeheimnis hat. Und darum habe ich in seinem Verhalten als Individuum eine Menge interessanter Dinge bemerkt, bestimmt viel mehr als in dem, was er mir über Ludwig XV. erzählt und vielleicht als das, was er mir über Tamerlan erzählen würde. Statt mich für seinen Unterricht zu interessieren, interessiere ich mich darum für ihn, und natürlich habe ich eine Null in Geschichte. Aber diese Null macht mir keine Angst: ich weiß, daß ich in ein paar Jahren zum Militärdienst gehe, dann an irgendeinen Arbeitsplatz und daß ich mit jeder Menge komischer Käuze zu tun haben werde, von denen manchmal mein Fortkommen abhängt und daß die Zeit, die ich jetzt damit zubringe, meinen Geschichtsprofessor zu ergründen, nicht verloren sein wird.

Ich sagte Ihnen, Ludwig XV.; Sie sagten, ich täuschte mich. Das will ich gern glauben. Ich bin sogar davon überzeugt, denn im Grund genommen war er ein Mensch wie mein Geschichtslehrer, und die Geschichte – glaube ich wenigstens – ist wie der Bericht, den die Detektive über die von ihnen beobachteten Leute verfassen. Bei Ludwig XV. gibt es also viel zu lernen, aber ich habe nicht den Eindruck, daß es das ist, was man mir beibringen will. Um Ihnen zu sagen, was ich im Innersten denke: was verhindert, daß ich mich für die Unterrichtsstunden der Lehrer interessiere, ist, daß man mir, sei es in den naturwissenschaftlichen, sei es in den literarischen Fächern, immer nur das Nutzlose beibringt. Vielleicht habe ich keinen echten Begriff vom Nützlichen und vom Nutzlosen, aber es ist Sache des Lehrers, ihn mir zu geben. Wenn er es nicht tut und ich es mit meinen eigenen Mitteln tue, hat er dann wirklich das Recht, mir eine Null zu geben?

Ich hätte was Besseres als einen zweiten Preis in Englisch bekommen können, aber ich habe mir in den Kopf gesetzt, Chinesisch zu lernen. Das ist einmal so. Natürlich habe ich niemand, der mich anleitet, und ich weiß noch nicht einmal, ob ich es richtig ausspreche. Alle machen sich über mich lustig. Ich fühle mich wie vor Zeichnungen, aus denen man einen Sinn herauslesen soll. Ich sage Ihnen besser gleich, daß ich nichts davon verstehe, aber ich weiß wenigstens, daß das Chinesisch ist und keine Physik, Chemie oder Algebra, und wenn ich auch nichts davon verstehe, die anderen tun es jedenfalls auch nicht. In einem Grade, daß es, wie ich gemerkt habe, leicht ist zu behaupten, man verstehe etwas und das sogar zu beweisen, weil niemand es versteht. Das habe ich ganz allein gelernt und ausgehend von einer so dummen Sache wie in diesem Provinznest Chinesisch lernen zu wollen. Meiner Ansicht nach ist das schon was.

Ich hätte gern Latein gemacht ...«

»Wer hat Sie daran gehindert?«

»Man hat mir einen Wettlauf mit der Zeit angeboten.

Auch hier war es wieder eine Frage der Stunden, der Tage, der Wochen, der Monate, der Jahre; zwischen Weihnachten und Ostern mußte dieses Pensum gepaukt werden und zwischen Ostern und dem 14. Juli jenes; außerhalb dieser Daten kein Heil oder richtiger kein Latein. Es war meinen Lehrern nicht wichtig, daß ich die Sprache lernte, wichtig war ihnen, daß ich zu festgesetzten Daten gewisse Dinge wußte. Doch, wie ich Ihnen schon sagte, bin ich vor allem neugierig; ich mache alles, was man will, wenn man meine Neugier reizt, aber wenn man mich mit reinem Faktenwissen vollstopft, ist es, als wollte man einen Esel, der keinen Durst hat, zwingen zu trinken. Ich bin nicht so dumm, wie immer behauptet wird und ich könnte Ihnen Sätze von Tacitus zitieren, über die ich gern endlos diskutiert hätte, aber ›deren‹ Ansicht nach ist das eine Zeitverschwendung, während es für mich genau die Gelegenheit wäre, unendlich viele interessante Einzelheiten zu erfahren. Ich werde bestimmt Latein lernen, wenn ich das Gymnasium hinter mich gebracht habe.

Ach, ich weiß, daß diese Einzelheiten nicht im Programm stehen; es geht auf keine Einzelheit ein. Aber ich glaube, daß das Programm, wenn es auch von größter Bedeutung für das Bestehen der Examen ist, von keinerlei Bedeutung ist für das, was die Allgemeinbildung angeht. Was soll ich denn schließlich sein, da es vollauf erwiesen ist, daß das Abitur zu nichts berechtigt? Man will, stelle ich mir vor, daß ich gebildet sein soll. Glauben Sie mir, Monsieur, ich bin gebildet und werde es mit den Jahren immer mehr sein, ohne daß mein Name je in einer Liste der für gute Leistungen Ausgezeichneten steht. Vielleicht steht er später einmal in einer höheren Liste, doch wenn nicht, dann ärgere ich mich deswegen nicht krank und mache daraus keine Staatsaffäre. Ich bin der glücklichste Junge in der ganzen Anstalt; auch das ist schon was. Ich hielt es für richtig, dies meinen Eltern zu sagen (denn ich habe sie gern). Ich habe den Charakter, den ich habe, nicht ohne etwas von dem meines Vaters und dem meiner Mutter entlehnt zu haben, und ich habe recht daran getan, darauf zu bauen, denn nach einigen heiklen Augenblikken haben sie verstanden, was ich sagen wollte. Mit meinem Vater, der gern liest, führe ich oft Gespräche, bei denen ich sehr wohl weiß, daß er mich sondiert. Ich habe ihn jedesmal sehr zufrieden aus diesen Unterredungen hervorgehen sehen. Ich werde kein Steuereinnehmer oder Finanzprüfer oder Ingenieur in der Verwaltung der französischen Tabakregie werden; damit hat er sich abgefunden, wie ich mich zuvor. Es fehlt nicht an anderen Möglichkeiten, seinen Lebensunterhalt zu verdienen, und ich bitte Sie, mir zu glauben, daß ich unbesorgt bin, ich werde es sehr gut machen, selbst dann, wenn er, nach der üblichen Formel, im Schweiße meines Angesichts verdient werden muß. Diese Gewißheit verdanke ich dem Umstand, daß mir alles, was ich lerne, von Nutzen ist, ich fühle mich stark und sicher. Sogar die Geringschätzung – und man kann so weit gehen, von Verachtung zu sprechen – der Lehrer und der Klassenbesten ist mir dienlich. Man begibt sich nicht außerhalb einer Gemeinschaft, ohne daß der Stolz seinen Anteil daran hat. Was mich angeht, so bin ich weit davon entfernt, sie gering zu schätzen oder zu verachten, im Gegenteil. Die Lehrer ahnen nicht, daß sie mir tausend Perspektiven eröffnen, auf denen ich unbeirrt mein Ziel verfolge, und ich bin verständig genug, um ihnen für die Gegenrichtung, die sie mich manchmal einzuschlagen zwingen, dankbar zu sein. Was die anderen anbelangt, die Fremdsprachen-Musterschüler (obwohl es sich heutzutage eher um Musterschüler in den sogenannten exakten Wissenschaften handelt), so sind sie die ersten, die außerhalb der Schulstunden meine Gesellschaft suchen. Man könnte meinen, mein Gespräch interessiere sie. Dabei rede ich mit ihnen wirklich nur über die Welt.«

DER HURONE

Der Hurone hat mir einen Besuch abgestattet. Ich habe mich nach den Verhältnissen in seinem Land erkundigt.

»Alles steht bestens. Wir haben zur Zeit eine glänzende Tomatenernte und die ersten Reihen Kartoffeln, die wir ausgegraben haben, ergaben eine nie dagewesene Fülle von Knollen. Unsere Pfirsichbäume, unsere Aprikosenbäume biegen sich unter der Last der Früchte. Man möchte meinen, unsere Hammel ließen es sich angelegen sein, in der Hälfte der Zeit zu prächtigen Koteletts und Keulen zu werden, unsere Schafe lammen um die Wette, was unsere Kühe betrifft, so sind sie Niagarafälle an Milch. Die Weinstöcke sind gesund, und in allen unseren Weingegenden wiegt die kleinste Traube mindestens ein Kilo. Vom Norden bis zum Süden Huroniens bedeckt dichter, granniger und bleischwerer Weizen den Boden. Man wird sich sattessen können. Ein wahres Kanaan. Das goldene Zeitalter.

Wie werden sich die Bauern freuen! Was gibt es Schöneres für das Gemüt als eine fruchtbare Arbeit, und nichts ist schöner als eine Fruchtbarkeit, die buchstäblich ein Fließen aus dem Füllhorn ist. Das muß nicht übersetzt werden, das ist die ursprüngliche Ausdrucksweise. Ein Überfluß an Eisen, Stahl oder Uran ist nicht belanglos, das stelle ich nicht in Abrede, aber um ihn zu verstehen und sich über ihn zu freuen, muß man ihn sublimieren. Die Fülle der Güter des Bodens aber spricht die Seele unmittelbar an, in allen Regionen der Welt ist sie das Weihegeschenk. Ach, wie glücklich können wir uns schätzen!

Malen Sie sich die Freude dessen aus, der ein Korn gesät hat und unerwartet einen Ertrag von hunderttausend erhält, der seinen Weinberg bestellt hat und es ergießt sich ein Strom von Wein, der seine Bäume umsorgt hat und die Zweige unter dem Gewicht der Früchte brechen hört. Das ist wahrhaft, was man für seine Arbeit entlohnt werden nennen darf.

Was wird man auf dem Land nicht für Feiern veranstalten! Ich sehe schon die Umzüge der Bauern, wie sie mit stolzer und froher Miene Palmen, Ölzweige, Lorbeerkränze tragen, einander beglückwünschen, Komplimente machen, brüderlich auf die Schulter schlagen auf dem Weg zu den Präfekturen, um den Präfekten dafür zu danken, daß der Himmel ihre Regierung gesegnet hat.

Man hat mir gesagt, daß an manchen Orten die Bauern bereits Tonnen von Kartoffeln, Tomaten, Karotten, grünen Bohnen und Futterrüben bei den Steuereinnehmern abgeladen haben als Zeichen der Freude und der Großzügigkeit, Zeichen einer Gratisspende, eines freiwilligen Beitrags und um dem Vergnügen Ausdruck zu geben, mit dem sie Steuern, selbst zusätzliche Steuern zahlen. Unser König muß im siebenten Himmel sein!

So steht es auch mit den Reichtümern des Meeres! Was nun wirklich das Zeichen der göttlichen Gnade ist. Unsere Fischer ziehen platzendvolle Netze aus dem Wasser. Kürzlich wußten die Fischer in unseren Binnenhäfen nicht mehr, wie sie ihre Fische loswerden sollten; sie waren gezwungen, ganze Karrenladungen davon auf die Straße zu werfen. Die Lastwagen fuhren vom Schiff bis zu den großen Verkehrsstraßen der

Städte, und man breitete tausende Kilo von Sardinen, Heringe, Makrelen, Wittlinge auf dem Pflaster und auf den Gehwegen aus. Wenn man bedenkt, daß in manchen, weniger begünstigten, von Gott weniger geliebten Ländern diese Fische noch bis zu tausend Francs das Kilo verkauft werden. Man hat mir sogar erzählt, daß in Indien manchmal noch heute Menschen verhungern. Ah, man kann wirklich sagen, daß wir Glück haben, wir!

Gewiß, möglich ist es, glaube ich, bin mir aber nicht sicher, ich stelle mir vor, daß es auch bei uns Leute geben oder gegeben haben muß, die sich kaum sattessen konnten: alte Leute zum Beispiel, besonders dann, wenn sie von ihren Kindern im Stich gelassen werden, was immer noch in sechs von zehn Fällen zutrifft. Gebrechliche oder einfach Notleidende; man spricht auch von der Kost in manchen Krankenhäusern oder Kantinen, deren Versorgung mit Lebensmitteln nie von guter Qualität war. Aber all das muß heutzutage verschwunden sein, denn wir haben alles in Hülle und Fülle; wir brauchen uns nur noch zu bücken und werden auch schon reich.

Denn was versteht man letzten Endes unter »reich sein«, wenn nicht sicher sein, Nahrung von guter Qualität im Überfluß zu haben. Macht derjenige, der ein Kilo Pfirsiche gegen Münzen welcher Währung auch immer eintauscht, nicht ein schlechtes Geschäft? Und derjenige, der Tonnen Kartoffeln für Banknoten verkauft, was macht er hinterher mit seinen Banknoten? Er wird sie nach und nach zum Krämer tragen, um Kartoffeln zu kaufen. Käme er da nicht schneller zu Rande, wenn er die Kartoffeln sogleich in seine Bratpfanne wandern ließe, ohne den Umweg über die Banknote zu nehmen? Wenn die Kartoffeln (oder die Pfirsiche oder das Getreide oder der Fisch oder die Keulen) einen sogenannten Verkaufswert besitzen, dann deshalb, weil sie eßbar sind. Falls man Kartoffeln und keine Banknoten hat, so ist das also ohne Bedeutung, weil man mit Nahrungsmitteln ohne Banknoten leben und sogar gut leben kann, während man mit Banknoten ohne Nahrungsmittel stirbt und zwar schnell.

Sie werden mir sagen, daß ich nicht alle meine Kartoffeln selber essen kann und hauptsächlich, daß da noch die »Nebenkosten« sind, die Traktoren, die man mit Benzin füttern muß, die Arbeitskräfte, die Selbstkosten und Tausende von Kleinigkeiten des zwanzigsten Jahrhunderts, die alles in allem viel Geld, das heißt ganz einfach Banknoten erfordern: Automobil, Fernseher usw. Ich bin ein Hurone. Ich denke genau so wie Mark Twain: »Die Zivilisation ist die unendliche Zunahme von Bedürfnissen, deren man nicht bedarf.« Die einzige Sache, derer man bedarf, ist Nahrung, und das Geld ist ein Mittel, sich welche zu beschaffen, wenn man kein anderes hat; aber das wahre Mittel besteht ganz offensichtlich darin, ein Korn zu säen, auf daß es hundertfachen Gewinn bringen möge. Man hat Hunderte und Aberhunderte von Jahren ohne Automobil, ohne Fernseher, ohne Schwerindustrie, ohne Raketen und ohne Atombombe gelebt, aber man hat nie mehr als einige Tage – furchtbare Tage übrigens – ohne Nahrung gelebt. Und nun gibt uns Gott Nahrung, nicht mehr hundert Körner für ein Korn, sondern zehn Milliarden für eines. Darum frohlocke ich.

Ja, wenn wir so dumm wären, papierne Banknoten

den Kartoffeln, den Tomaten, Pfirsichen, Trauben, Keulen vorzuziehen, dann selbstverständlich wären wir des Segens Gottes nicht würdig. Gewiß, wenn unsere Bauern den Boden bearbeiteten, um nicht die Scheunen, die Speisekammern und die Verschläge, sondern die Geldschränke zu füllen, würden sie eine maßlose Dummheit beweisen und daß wir uns auf einer abschüssigen Bahn befinden, die steil zu schwefligen Abgründen hinabführt. Aber ist es denn denkbar, daß Menschen, die dem Rhythmus der Jahreszeiten gehorchen und seit Tausenden von Jahrhunderten ihren Tageslauf in Harmonie mit den Naturgesetzen einteilen, imstande wären, sich künstlichen Gesetzen unterwerfen zu wollen?

Allerdings ereignet sich das, wovon ich Ihnen erzähle, bei den Huronen, daß heißt bei Leuten, die nicht besonders schlau sind. Vielleicht würden Intelligenz und Schläue alles verderben; solches hat man schon erlebt. Zu einer Zeit, da die superintelligenten Leute mit Hilfe von vielen Schmeichlern dem Publikum in den Kopf setzen, daß wir im Begriff sind, den Mond, den Mars, die Venus, den Andromedanebel und die Tiefen des Weltalls (wo keine Karotten wachsen; man kann sogar sagen, dort sind die Karotten im Eimer) zu kolonisieren, wäre es nicht ungewöhnlich, Menschen zu begegnen, die eine Banknote einer Steige Pfirsiche vorziehen. Falls man dahin käme, wäre Überfluß katastrophal, denn je mehr Pfirsiche es gäbe, desto weniger Banknoten würde man als Gegenleistung erhalten. Doch glauben Sie, daß man so schlecht eingerichtete Köpfe finden könnte?«

DER TABAK

Schon seit mehr als einem Jahr ist er mir untersagt. Ich hatte eine kleine Sache am Herzen und vor allem war ich achtundsechzig Jahre alt. Ich hatte nicht viel geraucht; anscheinend aber immer noch zuviel. »Falls Sie Willensstärke besitzen«, hat mir der Spezialist gesagt, »können Sie es sich erlauben, täglich zwei Pfeifen zu rauchen; falls Sie keine besitzen, stellen Sie das Rauchen völlig ein.«

Meine Mutter besaß Willensstärke; warum hätte ich keine besitzen sollen? Ich habe mich auf die minimale Menge verlegt. Und nun genügt sie mir. Sie genügt mir nicht nur, vielmehr habe ich den Eindruck, in eine köstliche Nikotingastronomie eingedrungen zu sein. Die Freunde der Erotik werden auf ihre Kosten kommen, wenn sie die folgenden Erklärungen übertragen.

Zwar habe ich nie im Leben Zigaretten geraucht. Ich habe von vornherein zur Pfeife gegriffen und in viel späteren Jahren, als ich mir gute leisten konnte, habe ich von Zeit zu Zeit gern Zigarren geraucht. Der Zigarettenkonsum wäre schwerer zu zügeln; der Geschmack, den man an ihnen gewinnt, geht aus einer Geistesverfassung hervor, die eher von Selbstbedienung als von Aristokratie zeugt. Die Zigarette ist die Manie der Nervösen, der Unruhigen, der Unbefriedigten; wesentlich ist bei ihr weniger der Tabak als die Gewohnheit und die miteinander verknüpften Gesten. Die Geste, mit der man die Zigarette aus der Packung zieht, das Feuerzeug streicht, den ersten Zug macht (die anderen Züge zählen nicht), und schon kehrt man zur Geste, mit der man die Zigarette aus der Packung zieht, zurück. So kommt man auf zwanzig oder vierzig Stück, man würde bis zu »eintausend und drei«* gehen. Es ist eine Verdammnis (die, wie ich zugebe, ein gut Teil privates Vergnügen mit sich bringt). Bei der Zigarette handelt es sich nicht um Sinnlichkeit, sondern um Langeweile. Vor den Hinrichtungen bietet man den Verurteilten nicht eine letzte Pfeife an, das wäre eine zusätzliche Grausamkeit; eine letzte Zigarette ist nur eine letzte kleine Fühlungnahme mit dem Teufel, lediglich dem Faustschen übrigens oder vielleicht gar nur dem Hoffmannschen Teufel, eine Befriedigung des Bedürfnisses, den Anschein zu erwecken, daß der Mensch bis an den Rand des Todes zum Genuß fähig ist.

Natürlich gibt es die von Hand gerollte Zigarette. Sie ist etwas anderes als die »fertiggekaufte« Zigarette, aber es gibt sie nicht mehr außer bei einigen Wählerischen, und außerdem ist sie der Weg, der zur Pfeife führt.

Ich gebe mich also nicht für stärker aus, als ich bin; vielleicht hätte ich, wäre ich in die Klauen des Teufels geraten, nicht loskommen können. Bei der Pfeife hatte ich meine Chance. Nachdem der Entschluß einmal gefaßt war, galt es an ihm festzuhalten. Ich habe nichts von einem Heiligen, im Gegenteil, gut mache ich nur, was mir Vergnügen macht; das weiß ich und so bemühe ich mich, mit Vergnügen zu tun, was ich gut machen will. Ich mußte also Vergnügen daran finden, weniger zu rauchen; das ist nur möglich, indem man besser raucht. Es handelte sich ganz einfach um eine Kunst des Rauchens.

* Anspielung auf *Don Giovanni, Leporello-Arie:* »aber in Spanien 1003«. (Anm. d. Verl.)

Bei der Wahl der Pfeife wäre damit zu beginnen. Für mich brauche ich eine von mittlerem (eher geringem) Fassungsvermögen, eine gerade, leichte Pfeife. Eine Bruyèrepfeife ist leichter als eine Tonpfeife, aber ich nehme trotzdem eine aus Ton: an manchen Tagen schenkt der Geschmack der Tonpfeife besondere Annehmlichkeiten, zum Beispiel an Tagen langen Regens, nicht der jähen Frühlings- oder Sommerregen, die den Humusgeruch steigern, sondern jener langen Winterregen, die schließlich nach dem Trockenplatz für die große Wäsche riechen. An jenen Tagen karamelisiert der Tabak – wenn er sorgfältig ausgewählt und präpariert ist, wir werden noch darauf zu sprechen kommen – im Ton. Im Holz röstet er, und sein Rauch hat einen leichten Löschpapiergeschmack. Ich nehme also zwei Pfeifen, eine aus Bruyèreholz, eine aus Ton. An und für sich würde die eigentliche Wahl hundert Seiten an Ausführungen und Betrachtungen erfordern: es gibt Bruyèreholz und Bruyèreholz, Ton und Ton, ich kann niemandem etwas beibringen, man braucht fünfzig Jahre Praxis. Die einzige Eigenschaft, die ich von der Bruyèrepfeife (außer der Makellosigkeit des Holzes selbstverständlich) erwarte, ist Leichtigkeit; von der Tonpfeife verlange ich zunächst, daß sie gut gebrannt ist, sodann, daß ihr Stiel fein ist, denn man muß ihn mit Faden umkleiden, damit die Zähne weich auftreffen, und ein breiter, von Faden noch verbreiterter Stiel würde, da er die Lippe stört, den Vorgang des Genießens hindern.

Wie man sieht, hängt es von Einzelheiten ab, ob das Vergnügen vollkommen oder unvollkommen ist. Darum auch werden die Vielfraße aus dem Paradies gewiesen: sie stürzen sich darauf und haben nur den Gewinn der Überraschung, während man sich mit Langsamkeit nähern und aus allen Umwegen der Erkenntnis Gewinn ziehen soll.

Meine Freunde, die mich stets mit der Pfeife im Mund gesehen hatten, fragen mich mitleidig: »Wie hast du es fertiggebracht?« Ich antworte ihnen: »Ganz einfach, ich habe Vergnügen daran gefunden.« Und ich füge hinzu: »Bedauert mich nicht, im Gegenteil, jetzt erst rauche ich wirklich, bisher habe ich an Pfeifen gezogen, ohne zu wissen, was Tabak ist.«

Was ist Tabak? Eine Art Nahrungsmittel. Die Religion spricht von »Brot und Wein«. Beim Wein handelt es sich schon nicht mehr um bloße Sättigung. Beim Versuch, vollständiger zu befriedigen, was der Wein teilweise befriedigt, gerät man an den Tabak. (Darum habe ich vorhin von Erotik gesprochen.) Mit einem so delikaten Nahrungsmittel, das sich an so besondere – und zu kultivierende – Gelüste richtet, darf man sich nicht vollstopfen (mit Wein auch nicht).

Man glaube nicht, es genüge, in einen Tabakladen zu gehen und man könne mit dem Konsumieren beginnen, sobald man den Fuß auf den Bürgersteig gesetzt hat. Man muß ihn studieren, alle seine Variationen zur Kenntnis nehmen und seiner Genußsucht dienstbar machen. Die Lust ist dann doppelt: sie liegt im Geschmack und in der Entdeckung.

Da ich nur noch das Recht auf zwei Pfeifen täglich hatte, versuchte ich natürlich, sie so lange wie möglich dauern zu lassen. Zuerst habe ich die Morgenpfeife vermißt. Dann, als ich angefangen habe, den langsamen Rhythmus anzunehmen und die Pfeife nach dem

Mittagessen eine Stunde gebrannt hat, habe ich der Morgenpfeife nicht mehr nachgetrauert, sie hätte das Vergnügen an der Arbeit zu lange hinausgezögert. Ich hatte nicht mehr so viele Sinnenfreuden zu meiner Verfügung, um mir erlauben zu können, daß sie sich überschnitten, sich vermischten oder auch nur sehr schnell aufeinanderfolgten. Meine Sinnlichkeit selbst drängte mich dazu, sie auseinanderzuhalten, damit ich die einzelnen ausgiebig genießen konnte.

Die Dauer einer Pfeife hängt vom Rhythmus ab, in dem man sie raucht, von der Sauberkeit der Pfeife und vom Tabak selbst. Zum Rhythmus findet man sofort, wenn der Pfeifenstiel sorgfältig gereinigt worden und der Tabak zufriedenstellend ist. Dann trifft der Rauch in kleinen, lauwarmen, schmackhaften Flocken auf die Zunge. Falls man für die Empfindung begabt ist, nimmt man sich die Zeit, die Flocken eine nach der anderen zu genießen, denn man weiß bald, daß sie jede einen anderen Geschmack haben. Das rührt von der Höhe des im Pfeifenkopf entzündeten Tabaks her, von der Dichte der Asche über der Glut, von der Temperatur des Stiels, von Elementen, die sich bei jedem Zug ändern. Man kann sie übrigens sehr gut im Verhältnis zur Wärme dosieren, die vom Boden des Pfeifenkopfs ausgeht, wenn man ihn zwischen dem Daumen, dem Zeigefinger und dem Mittelfinger der rechten Hand prüft. Es ist, wenn man Bescheid weiß, ebenso leicht, wie den richtigen Ton auf dem Griff einer Gitarre zu finden.

Was den Tabak anbelangt, muß ich mich hier darauf beschränken, von seinen wichtigsten Eigenschaften zu sprechen (es gibt hundert weniger wichtige, denen man gleichfalls Rechnung tragen muß, doch um sie zu kennen und zu genießen, bedarf es vornehmlich der Praxis; die Erfahrung der anderen nützt nicht). Zunächst ist es wichtig, daß man den Tabak nicht für Heu, für geschnittenes, getrocknetes und präpariertes Kraut hält; er ist ein Stoff, der Charakter hat und mit dem man nur mit Kunstgriffen und Kenntnissen »zu Rande kommen« kann. Unter »zu Rande kommen« verstehe ich, an ihm Vergnügen finden. Der Ort, wo man ihn aufbewahrt, seine Verpackung, das Wetter, die Tageszeit, erst recht die Jahreszeit, der körperliche und geistige Zustand, in dem man sich selbst befindet, alles zählt dabei. Bei trockenem Wetter muß er feucht sein, bei Regenwetter muß er »duften«; das heißt, wenn er faserförmig ist (wie die Tabaksorten des Südens: französischer, italienischer, spanischer, türkischer, arabischer, dunkler oder blonder Tabak), soll er geschmeidig und nie brüchig sein; genau dann hat er den richtigen Duft, der kein Tabakgeruch, sondern ein Lakegeruch ist; er muß nach Salz riechen. Wenn er krümelig ist (wie die Tabaksorten des Nordens: amerikanischer, mancher englische, deutscher, russischer, norwegischer, dänischer, weißblonder oder Marylandtabak), soll er ein wenig klebrig sein. Diese letzteren Tabaksorten sind im allgemeinen durch zumeist sonderbare Mixturen gemildert worden. Sie sind so kein ganz rechter Tabak mehr. Der Geschmack, den man ihnen abgewinnt, hat sowohl etwas vom Marmeladebrot als auch von der Peitsche des Generals Durakin*. Ich verschmähe ihn

* Figur aus einem der Jugendromane der Sophie Comtesse de Ségur (1799–1874). (Anm. d. Verl.)

nicht: man ist nicht täglich Alexander der Große. Mein persönlicher Geschmack gilt eher dem Tabak des Südens und meist einer Mischung aus südlichem und nördlichem Tabak im Verhältnis drei zu eins.

Man würde kein Ende finden. Wie jedesmal, wenn es um ein Vergnügen geht. Was ich vor allem sagen wollte, ist, daß beim Tabak wie bei allem Langsamkeit und Erfahrung kluge Kupplerinnen sind.

DIE TERRASSEN DER INSEL ELBA

Freunde haben mich auf eine Kreuzfahrt mitgenommen. Vom Meer werde ich ein andermal sprechen. Ich will zunächst einige Reflexionen über den Menschen anstellen. Ich habe die Insel Elba besucht. Napoleon ist natürlich überall gegenwärtig, in einem solchen Maß, daß man das scherzhafte Schild einer Kneipe mit Befriedigung gewahrt, das (in italienischer Sprache) versichert: »Hierher ist Napoleon nie gekommen.« Darauf folgt man dem großen Feldherrn Schritt um Schritt und geht dahin, wohin er gegangen ist, vornehmlich dahin, wo er gewohnt hat. Sein Haus, das kein Palais ist, sondern eine Villa, wie sie die Bürger jener Zeit besitzen konnten, blickt auf das offene Meer in Richtung Frankreich oder was für Napoleon Frankreichs Stelle einnahm, das heißt zur etwa hundert Meilen entfernten Riviera der italienischen Westküste. Man sagt sich unwillkürlich, daß man sich mit diesem Elba abgefunden hätte. Die Insel ist nicht von prachtvoller Schönheit (wie Korsika), aber Meer bleibt Meer und man befindet sich hoch über ihm, über tiefen Gründen, wo es marineblau ist. Auf der anderen Seite summt ganz leise das Städtchen Portoferraio. Ehe man zu Napoleon hinaufstieg, ist man über die Plätze gegangen, die eine Welt von naiven, gastfreien und dreisten Fischern erfüllt, ähnlich wie die Bevölkerung der Handelshäfen aus der *Odyssee* gewesen sein muß. Wir haben große, spiegelschrankbreite Kerle im windigen Freien vor einer kleinen Auslage Seespinne in Wein essen sehen. Dazu nimmt man sich zunächst eine Gabel aus einem Glasbehälter (mit einer Aufschrift, die behauptet, sie seien

»esterilisado«). Man stößt die Gabel in einen Topf, in dem die Seespinne in ihrer Schwärze langsam köchelt, man hebt sie wieder heraus, nachdem sie eine Art große Spinne, oder genauer, großen Scheuerlappen aufgespießt hat, den man mit zurückgelegtem Kopf verschlingt. All dies um zu sagen, daß es auf der Straße gutartig zugeht und daß man in ihrer Seele den köstlichen Schlendrian der großen Friedensperioden ahnt. Daraus folgt, daß man mit einem ähnlichen Leben bis zum Ende der Tage gern vorlieb nehmen würde und daß man Golfe Juan* (so weit auf einem einfachen Segelschiff) und schließlich Waterloo nicht versteht. Hierbei stößt man auf den Menschen.

Der Mensch stellt sich außer sich selbst nichts vor. Man wird sehen, daß dies sehr weit und in die unvorhersehbarsten Richtungen führt. Wir würden sehr gern mit der Insel Elba vorlieb nehmen, weil wir nie bei Austerlitz gesiegt haben. Tatsache ist, daß für uns, die wir von einer Villa am Rande des Meeres träumen, hier eine ist, und eine sehr geräumige außerdem und, meiner Treu, nicht zu schlecht eingerichtete, mit einem ägyptischen Saal sogar, der eine Brunnenschale und eine Fontäne enthalten hat. Hier nun sind die über dem Meer gelegenen Terrassen, von denen wir im Büro, im Geschäft, in der Werkstatt geträumt haben. Man sagt sich, daß er der Herr dieser Insel war und das ist ein Peru für uns, die wir nie der Herr von was auch immer, nicht einmal unser eigener Herr gewesen sind. Hier sind unsere Träume Wirklichkeit geworden, seine Träume zielten anderswohin.

* Hier landete Napoleon, als er 1815 aus Elba zurückkehrte (Küste des Departements Seealpen). (Anm. d. Verl.)

Dies ist ein Grundsatz, den wir nicht außer acht lassen dürfen, wenn wir den Leuten nicht auf den Wecker fallen wollen: die Menschen träumen nie in die gleiche Richtung; jeder hat seinen ureigenen Traum. Wir alle sind aus den uns entsprechenden Austerlitzschlachten mehr oder weniger siegreich hervorgegangen und wir haben alle unsere Inseln Elba erfahren (oder werden sie, je nach Alter, noch erfahren), die uns zur Flucht unter Lebensgefahr treiben. Es ist nicht sicher, daß ich mein Glück dort finde, wo Sie Ihres finden; es ist sogar sicher, daß ich im günstigsten Fall mein Glück dort, wo Sie Ihres finden, nur dann fände, wenn ich die Bedingungen, die Sie völlig befriedigen, auf mich zuschneiden würde.

Darum auch liefern die großen sozialen Maschinerien, die aus dem Glück ein industrielles Erzeugnis machen, letztlich nur Schund. Wenn Sie einen Fachmann in Sachen Gemeinschaftsglück hören (und die sind Legion, es ist ein einträglicher Beruf in unserer barbarischen Zeit), wird er Ihnen sagen, daß die Bevölkerung von (nehmen wir irgend etwas) Potamien (zum Beispiel) todunglücklich ist und daß man, sofern man ein gutes Herz hat (und wer hätte das nicht, wenn es darum geht, sich in die Angelegenheiten der anderen einzumischen) hingehen und eine Revolution machen muß. Nun also geht man nach Potamien und trifft dort auf ein fettes, friedliches Volk, höfliche, zuvorkommende Leute, man hört Lachen, man sieht Märkte, die Tomaten, Melonen, Zwiebeln, Lauch, Kartoffeln, Trauben, Pfirsiche, Fleisch, Fisch, Hühner, Puten usw. in Hülle und Fülle feilbieten. Man bemerkt, wie Hausfrauen, die offensichtlich keine Prinzessinnen und nicht einmal Bürgersfrauen sind, auf diese Märkte kommen und ihre Strohtaschen mit allen möglichen Eßwaren füllen; man sieht welche, die Geflügel, Krevetten, Hummer, Orangen, Zitronen, andere, die Puten, Perlhühner, Wild, am Bratspieß geröstete Vögel, Hasenkeulen und manchmal einen ganzen Hasen mitnehmen; wieder andere treffen die nötigen Vorbereitungen, um Keulen, Koteletts, Rinderschmorbraten, mit Zwiebeln und Karotten gekochte Kaldaunen, geschnetzelte Leber, Kalbsmagen im Familienkreis auftischen zu können. Man möchte mehr darüber erfahren, man folgt diesen Hausfrauen bis in die Arbeiterviertel, wo sie wohnen, und mit etwas Geduld sieht man so um die Mittagszeit die Männer, die Söhne, die Töchter nach Hause kommen, die Autoschlosser in Garagen, Kellner in Cafés, Maschinenschreiberinnen sind. Dies ist die Bevölkerung von Potamien, von der man Ihnen sagte, sie werde von Unglück verzehrt, von einer unmenschlichen Regierung zugrunde gerichtet und schlafe nur mit der Hand auf dem Seitengewehr. Nun jedoch ist es dunkel geworden, man singt, man tanzt, man geht spazieren, Hand in Hand stehlen die Verliebten sich in den Schatten, man ist glücklich. Diese Dinge zählen in den Augen derer, die darum bemüht sind, Gutes (wäre es auch revolutionär) nur aus gutem Grund zu tun.

Aber wenn wir uns zum Fachmann in Sachen Glück wenden, der zum Kreuzzug aufrief, bemerken wir, daß er ganz einfach gleichfalls in seinem persönlichen Traum befangen ist, einem für die anderen ein ganz klein wenig gefährlicheren Traum als der des Volks von Potamien, doch ganz ähnlich. Diesen Ameisenhaufen auf dem Viktualienmarkt findet er unselig, weil, so sagt er (beispielsweise), dieser Haufen keinen Zugang zu einer bestimmten Form von Bildung oder Lebenseinstellung hat (zu der er Zugang hat), zu einer bestimmten Form von Disziplin und Seelengröße (der er sich unterzieht, die zu besitzen er gerne bekennt). Er wünschte, daß sein Traum der allgemeine Traum wäre; dies im besten Fall; oft sind die Motive schlichtweg schändlich.

Es geht also nicht darum, sich selbst auf den Terrassen der Insel Elba, sondern darum, Napoleon dort zu sehen. Falls man die Freizeit gestaltet, wette ich, daß es nicht gelingen wird, meine zu gestalten, und ich bin sicher, daß diejenigen, für die man sie gestaltet, niemanden benötigen, um sie zu gestalten. Mit allem ist es so. Mit der Bildung? Zur Zeit der Volksfront ließ man viele Schriftsteller aufs Podium steigen. Nach und nach verließ das Volk die Bänke vor den Podien. Sechs Monate später waren die Zuhörerschaften solche, wie irgendeine bürgerliche Regierung sie hätte aufbringen können. Soll sich amüsieren, wer mag, bilden, wer mag, sein Glück machen, wer mag. Heimlich die Insel Elba verlassen, auf einem nicht sehr sicheren Segler, mit nichts als einem Kompaß in der Hand: wenn unser Glück diesen Preis fordert, werden wir es den einen oder anderen Tag tun (das ist nur eine Frage des Mutes).

Und ich weiß nicht einmal, ob die jüngsten großen wissenschaftlichen Entdeckungen, die wir mit vor Bewunderung offenem Mund bestaunen, nicht auf den richtigen Platz gerückt würden, wenn wir sie von den Terrassen unserer Inseln Elba aus betrachteten; oder vielleicht ist es gerade von einer Terrasse der Insel Elba aus, daß wir den Signalen, die den Fortschritt vorantreiben, einen Wert zuerkannt haben.

Nach einem kleinen Extratrinkgeld ließ uns die Concierge eine gute Viertelstunde in der Bibliothek Napoleons allein. Sie enthält noch etwa tausend Bände; nicht so viele historische Werke, wie man annehmen könnte, einige Mathematikbücher (für den Artillerieoffizier) und viele Romane, wie sie in der damaligen Zeit geschrieben wurden, das heißt: *Mémoires de la comtesse T...* oder *Confidences du marquis de R...* An guter Stelle ein schöner *Gil Blas* in sechs Bänden und ein sehr schönes Exemplar des *Don Quijote*, eine Elzévirausgabe in acht Bänden. Ich habe im *Don Quijote* geblättert, um zu sehen, ob er Anmerkungen enthielt. Leider nein!

Son Sardina, September 1963

DAS HERZ

Das Herz ist ein wunderlicher Muskel. Sobald es unkontrolliert funktioniert, schafft es verdammt verschrobene Gebäude. Ich bin im Ausland. Vorigen Abend ging ich auf ein Dorffest. Man veranstaltete eine Rollschuhlaufvorführung. Um die Bahn herum hatten sich mehr als siebenhundert Personen versammelt. Martin, der hier meinen Garten besorgt, hatte mir Plätze neben ihm reserviert. Ich saß in der ersten Reihe. Es war ein ansehnliches Publikum. Die hiesigen Frauen sind schön und wohlgenährt; arabische, römische und indische Gesichter hoben sich sehr edel von dem vielen Fett ab. Die Männer dagegen sind mager wie die tüchtigen Hähne (die sie auch sind). Eine verschwenderische Fülle von Madras und Schals in allen Farben. Keine Unze von kritischem Geist. Das ist sehr erholsam. Lange bevor die Vorstellung anfängt, lassen sich alle von ihrem Vergnügen mitreißen.

Sie fängt an. Es ist, nun ja, eine Vorführung von Rollschuhlaufen, weiter nichts. Die Mädchen, die sich dabei sehen lassen, sind vielleicht ein wenig mager, aber mutig und führen auf dieser Zementbahn recht gefährliche Übungen aus. Zudem verleiht das Abheben, obwohl verlangsamte Abheben dieser ungraziösen Schuhe den Mädchen eine Art Zauber, der etwas vom Traum hat, wie in einem manierierten Film oder in einem echten Traum; wozu das Schweigen des Publikums und die sternenprangende Nacht noch beitragen. Es wird Beifall gespendet, selbstverständlich, hier spendet man allem Beifall: das Publikum ist bäuerlich, höflich, gastfrei und bewundert bereitwillig alles, was nicht mit Feldarbeit zu tun hat. Indessen kündet der Lautsprecher etwas an, was ich, der ich die Sprache des Landes nur gerade radebreche, nicht verstehe, und die Begeisterung bricht los. Sicherlich hat man soeben mehr versprochen, und wie ich sogleich bemerke, Ungewöhnliches, für das man eigens gekommen ist. Das Bisherige war Vorspeise (mir hat es durchaus genügt), dies nun ist der Hauptgang.

Ich war auf einen Star gefaßt. Für die Anwesenden war es der schönste Stern des Abends. Ein kleines Mädchen von sieben bis acht Jahren, das wie eine Vierjährige wirkte. Alle Kinder können Schlittschuh, vor allem Rollschuh laufen; auf allen Bürgersteigen sieht man welche. Diese Kleine lief nicht besser und nicht schlechter als die anderen. Unglücklicherweise tat sie noch ein Übriges, sie tanzte außerdem Twist. Ich sage »Twist«, obwohl das, was sie machte, wie ich hoffe, in keiner Sprache und keinem Dialekt einen Namen haben könnte. (Zudem weiß ich nicht, was »Twist« ist.) Ich werde, was sie machte, zu beschreiben versuchen. Das ist schwierig! Mit einem Wort, sie machte ganz genau, was die gewöhnlichste Dirne in Toulon macht, um den Seemann aufzugeilen. Mit acht Jahren! Mit armseligen kleinen Beinen von der Dicke des Unterarms eines sechzigjährigen Bürokraten! Vor siebenhundert Personen, unter denen sich gewiß ihre Mutter, ihr Vater, ihre Tanten, Onkel und Basen befanden! Im Scheinwerferlicht! Zu einer Musik! Und auf Rollschuhen!

Ich bin nicht bescheuert. Wenn diese höchst obszöne Nummer von der lächelnden großen Braunhaarigen ausgeführt worden wäre, die eben noch *Le Pas des Patineurs* getanzt hatte, dann hätte mir das bestimmt viel Vergnügen bereitet. Aber von diesem sieben- bis achtjährigen Mädchen (das wie eine Vierjährige wirkte) und das – es führte die Schraube fast unmittelbar vor mir aus – nicht einmal hübsch war (doch alle Kinder sind ja hübsch)!

Sie grüßte und warf Küßchen in die Runde. Man tobte. Mir gegenüber, auf der anderen Seite der Bahn war eine fast nur von Männern besetzte Estrade, unter denen ein großer Kerl im rosa Hemd auffiel. Die ganze Estrade war wie von einem Tobsuchtsanfall erfaßt, Gebrüll, Getrampel, Händeklatschen. Das rosa Hemd machte Luftsprünge, als ob sein Besitzer närrisch geworden wäre. Das übrige Publikum brodelte, von eindeutiger Massenhysterie erfaßt, und in dem Gejohle konnte man lustvolles Stöhnen unterscheiden.

Der Lärm hörte erst auf, als der Lautsprecher versprochen hatte, daß die kleine Carlotta (die er die Göttliche nannte) wiederkehren werde. Die große Braune und ihre Kameradin, die in einer Art *Kaiserwalzer* über die Bahn glitten, erhielten nur einen Achtungsapplaus. Die Braunhaarige gab den Kaiser ab in einer Uniform, die ihre (recht hübschen und zumindest reifen) Schenkel freiließ, die kleinere Kameradin trug bauschige Röcke und Höschen, mit denen sie sehr klug spielte. Aber der (an manchem Knurren und Schnüffeln der Menge erkennbare) Spasmus blieb in der Schwebe. Er erwartete Carlotta.

Sie kehrte sogleich, nachdem sich die Braunhaarige und ihre Kameradin vor allgemeiner Gleichgültigkeit verbeugt hatten, zurück. Und das Jagdgeschrei brach von neuem los. Die Männerestrade mir gegenüber verfiel in totale Raserei. Das rosa Hemd sprang über die Köpfe wie ein Delphin aus dem Wasser. Eine Geste wie die der kindlichen Infantin von Goya genügte, ehrfürchtiges Schweigen trat ein. Carlotta begann. Dieses Mal war es schlimmer. Der Lautsprecher übertrug unter zahlreichem lautem Spucken und Aufstoßen die gemeinsten, aufdringlichsten, geilsten, mit Musik unterlegten Albernheiten, die die Zeit erfunden hat. Ich verstehe glücklicherweise die Sprache nicht (oder nicht allzu gut), aber Schweinerei ist so international, daß ich sogar bei geschlossenen Augen verstanden hätte, worum es sich handelte. Es war der moderne Brunstschrei. Nun aber hatte man die Dinge auf die Spitze getrieben. Dem achtjährigen Kind (das wie ein vierjähriges wirkte) waren Worte beigebracht worden, die es auszusprechen vorgeben mußte (und die der Lautsprecher an seiner Statt brüllte) und entsprechende Gebärden, die es machen mußte, und zu meiner Verblüffung, meiner Scham, und, wie ich eingestehen muß, meinem lauten Gewieher, denn in der Tiefe der Scham kann man nur noch wiehern (nicht lachen, sondern wiehern), sah das achtjährige Ungeheuer (das wie eine Vierjährige wirkte) so aus, als brüllte es mit der Stimme des Lautsprechers die widerlichsten Obszönitäten. Während es sie mit Musik (wenn man so sagen darf) und im Scheinwerferlicht und auf Rollschuhen mimte. Die Darbietung war der Hölle würdig. Die Hölle ist reich an Möglichkeiten. Es genügt ein wenig Lebenserfahrung, um zu gewahren, daß Dante nicht alles gesehen hat. Jedenfalls hatte er diese Darbietung nicht gesehen, denn sonst hätte er sie gewiß in seinen Höllenkreisen notiert und sich die biederen Leute vorgenommen, die mit ewiger Strafe rechnen müßten.

Denn das Publikum bestand zweifellos aus durchaus biederen Leuten. Der Besitzer des rosa Hemdes, den ich seither wiedergesehen habe, ist der gutmütige dicke Kerl, der nicht weit von mir (sehr gut) eine kleine Obstfarm mit Mandelbäumen und Feigenbäumen bewirtschaftet. Er ist gefällig und freundlich, er hat gute, kastanienbraune Augen, und er strömt über vor viehischer Wonne, wenn er seinen kleinen Jungen vergöttert, der fett wie eine Zecke, langsam wie eine Schnecke und anmaßend wie ein Götze ist. Er ist sicherlich bereit, Leib und Leben für sein Kind zu opfern und sogar (das wird deutlich) für seine Frau, die im Alter von fünfzehn Jahren schön gewesen sein muß. Ich kenne bei weitem nicht alle aus meiner Umgebung, aber einige kenne ich als Leute, in deren Gesellschaft es sich gut leben läßt. Sie alle schwammen in Seligkeit. Man hätte ihnen in jenem Augenblick die sieben Weltwunder des Altertums und die tausend und ein Weltwunder der modernen Zeit zeigen können; deren Anblick hätte ihnen nicht das lustvolle Stöhnen entreißen können, das sie hier in der Öffentlichkeit mit so wenig Schamgefühl ausstießen.

Nichts und niemand kann die Begeisterung beschreiben, die am Ende dieser »Nummer« losbrach. Eine Zugabe wurde gefordert, und Carlotta mußte sie ausführen, dann eine weitere Zugabe, für die sie, am Ende ihrer Kraft, die Bahn wieder betrat. Niemand bemerkte dies, weder das rosa Hemd, das es unternommen hatte, den Chor der Bittenden zu leiten, noch eine ungeheuer dicke Frau in Apfelgrün, die nicht sehr weit von mir entfernt auf einem der vorderen Plätze der im rechten Winkel zu meinen aufgestellten Stuhlreihen saß. Ich konnte sie sehr gut sehen, die Augen traten ihr aus dem Kopf, ihre gewaltige Brust warf vier Meter hohe Wellen, ihre (mindestens) hundert Kilo flatterten über ihrer Seele (oder richtiger ihrem Herzen) wie die Federn des in vollem Fluge begriffenen Erzengels Gabriel. Sie brüllte, um unaufhörlich weitere Zugaben zu verlangen und ihr Mund vollführte dabei das raubtierhafte Klinken eines Wolfsgebisses. Aber alles nimmt ein Ende, sogar die Hölle, und nach ein paar mit ihren Fingerchen in die vier Winde gesandten Küssen glitt Carlotta auf ihren Rollschuhen bis zu der Frau in Grün, die sie in ihren Schoß versenkte und sie mit Küssen bedeckte. Martin sagte mir stolz, daß es die Mutter des Wunderkindes sei.

Man darf sagen, daß diese Mutter schlecht zu lieben verstand; aber sind wir so sicher, besser zu lieben?

Son Sardina, 13. September 1963

REICHTUM UND RUHM

Was braucht man, um Erfolg zu haben? Kühnheit? Ausdauer? Glück? Genie? Nein: Mittelmäßigkeit. Was das Mittelmaß auch produziert, es ist ein Produkt, das sich an die Mehrheit wendet. Es ist sich seiner Sache sicher, es hat die von der Mehrzahl der Einzelnen geforderten Eigenschaften. Bei einer Milliarde Menschen ist das Mittelmaß sicher, von mehr als neunhundert Millionen verstanden und als vernünftig befunden zu werden. Wenn es sich um ein Buch, eine Sicherheitsnadel, eine Zahnpasta, irgendeine Ware und sogar um einen gänzlich nutzlosen und sogar langweiligen und dummen Gegenstand wie das Diabolo, das Jojo, handelt und hunderttausend weitere minderwertige armselige Gegenstände, deren Namen in aller Munde sind – von einer Milliarde Menschen werden neunhundert Millionen das Buch lesen, die Sicherheitsnadel in Gebrauch nehmen, die Zähne mit der Zahnpasta putzen oder dämlich um die Wette mit dem nutzlosen, aber ihrer Mittelmäßigkeit genau entsprechenden Jojo spielen.

Jene, die vor fünfzig Jahren versucht haben, mit Maschinen zu fliegen, die aus auf Bambusstangen geklebtem Segeltuch bestanden, haben sich ruiniert (wenn sie nicht den Tod gefunden haben). Zur selben Zeit hat irgendeiner mit nach Pfefferminz schmeckenden Gummistückchen ein kolossales Vermögen gemacht; Hunderte Millionen Personen haben sich freiwillig in Widerkäuer verwandelt mit diesem Kaugummi und haben teures Geld ausgegeben, um das dumme Aussehen der Kuh zu haben, die ihr Gras vom Vorabend »noch einmal überdenkt«.

Zur Genialität kann keinem geraten werden, jedenfalls keinem von jenen, die Reichtum und Ruhm wollen. Man gelangt zur einmütigen Zustimmung der Massen und zu den Gipfeln der Ehre nur durch Mittelmäßigkeit. Doch sie muß total sein, ohne auch nur eine Unze von dem, was nicht sofort von den obengenannten neunhundert Millionen Einzelwesen begriffen werden könnte; nichts, was sie beunruhigt, vor allem keine Genialität, und nichts Neues, dem man sich mühsam anpassen müßte; sorgfältig erprobte nette kleine Methoden, deren Schmiermittel man lediglich ändern wird: breite Straßen, und, so weit es sich machen läßt, Autobahnen, auf denen der Kunde sorglos und ohne »ein Adler« zu sein, fahren kann. Der Erfolg verlangt nicht nur einen solchen Preis, sondern es gibt zudem kein anderes Mittel, um ihn zu erlangen.

Wohlgemerkt, man kann ein geniales Werk sehr wohl auf das Mittelmaß herabdrücken. *Rot und Schwarz* ist erst nach seiner Verfilmung populär geworden; das gleiche gilt für *Die Kartause von Parma*. Man brauchte jedoch nur den falschen Julien Sorel nackt in Madame de Renals Bett hingelümmelt zu sehen und wurde sich klar, welche Mühe angewendet worden war, um einen bisher hohen Gedanken direkt über dem Erdboden fliegen zu lassen. Dieses Vorgehen ist übrigens allgemein: statt zur Kunst greift man zu Zusammenfassungen, statt zum handwerklichen Erzeugnis zum »Billigen«; ich will mich damit nicht äußern zu dem, was nicht teuer ist, sondern zu dem, was aus dem inneren Wert der Dinge etwas Billiges macht.

Man darf Mittelmäßigkeit übrigens nicht mit Dummheit verwechseln; das Mittelmaß ist nicht dumm und der Erfolgreiche verfügt oft über beachtliche Intelligenz. Mitunter besitzt er sogar Einsicht in sein Mittelmaß. Was recht beängstigend ist. Der Fall ist selten, aber wenn er auftritt, muß man alle Hoffnung fahren lassen und insbesondere muß man »diese Lokomotive« vorbeilassen, sie würde einen gnadenlos überfahren; sie fährt auf Schienen direkt ins Herz des Ruhms hinein.

Dieser Sinn für Mittelmäßigkeit wird mit der Zeit unsere moderne Epoche kennzeichnen. Man sieht ihn in der Architektur des langen und breiten, in der Literatur ausgiebig, in der Politik völlig zum Ausdruck gelangen. Allein eine überholte und gefährliche Romantik kann noch an den Sinn für Kühnheit, Großzügigkeit, Seelengröße und Liebe glauben. Sie sind die besten Mittel, um zu nichts zu gelangen. Wer sie übt, verliert dabei nicht nur den Frieden, was letztlich recht und billig ist, sondern auch die Achtung der anderen.

Während langer Jahrhunderte, die für die Geschichte bedeutsam waren, gründete die Gesellschaft auf dem menschlichen Wert. Ich komme dem Einwand zuvor, daß es ihr deshalb an Annehmlichkeit mangelte. Man sollte sich an der Oberfläche (die eine solche der offenen stürmischen See war) durch mitunter übermenschliche Anstrengungen halten, das heißt, man sollte sich ständig selbst übertreffen. Man hat bald bemerkt, daß nicht allein die Helden obenauf schwammen und daß man sehr gut leben konnte, ohne in Schweiß zu geraten, daß sich selbst zu übertreffen unnötig anstrengte und letztlich zum Besitz von rein metaphysischen Gütern führte.

Man lebt nun aber von der Materie; um lange zu leben, bedarf es viel davon, und diejenige, die sich in großer Fülle bietet, ist nie von erster Qualität. Und eben diese nimmt sich der Mittelmäßige zum Futter. Er lebt gut davon (besser als der Held), sehr lange, so lange, daß sein alleiniges Dasein von der Vorsicht und der Klugheit seiner Wahl zeugt. In einer Zeit, da die Kühnheit, die Großzügigkeit, die Seelengröße und die Liebe ihre Verheerungen anrichten und Kegel umwerfen, sieht man diejenigen, die die mühelosesten Wege eingeschlagen haben, stehen bleiben und am Leben bleiben. Wieviel Reichtum und Ruhm gründen auf dem Unglück der Witwen und Waisen! In einem Maß, daß die Witwen und Waisen in ihrem Selbsterhaltungstrieb selbst zur Gefahr geworden sind. Daher das dumme Gesicht, das heutzutage der verspätete Held macht.

Gewiß, aufgrund einer Art historischen Überbleibsels legt alle Welt noch (aber nicht mehr lange) Wert auf die »geprüfte Herkunftsbezeichnung«. Sie ist es, die so viele Ehrenzeichen und Abzeichen in den Knopflöchern der Jacken und sogar der Überzieher erblühen läßt. Aber die Mittelmäßigkeit ist so mächtig, daß mittels eines Taschenspielertricks, der allein ihrer Geschicklichkeit zuzuschreiben ist, zuletzt jeder von »geprüfter Herkunftsbezeichnung« ist. Man nimmt nicht mehr an Kreuzzügen teil, es genügt, an den richtigen Türen zu klopfen.

Auf diese Weise hat sich zwischen Himmel und Morast eine Zwischenzone gebildet, in der die Luft durchaus erträglich und ätherisch genug ist, um das Bedürfnis zu befriedigen, den in den Herzen der Bürger schlummernden Engel darzustellen, die jedoch nicht so hoch über dem Erdboden liegt, daß man Schwindelgefühle gewärtigen müßte. In dieser Zone werden Ehrenzeichen und Abzeichen, Sessel und Rohrstühle, breite Bänder [= für die Träger des Großkreuzes der Ehrenlegion], Krawatten [= als Krawatten geschlungene Ordensbänder der Kommandeure der Ehrenlegion] und Ordenssterne ausgeteilt. Dort öffnen sich Panzerschränke und empfindsame Herzen, werden Gelder und Schwüre ausgetauscht und die Belohnungen ausgeteilt. Wer sich aus dieser Zone nach oben oder unten hin entfernt, muß über die Güter dieser Erde ein Kreuz schlagen. Weiter nach oben wird ihm niemand folgen aus Angst, nicht atmen zu können, weiter unten wird man fürchten, sich die Weste zu beschmutzen. Von Zeit zu Zeit fliegt ein Ungeheuer auf, gleißt und erlischt wie ein Meteor; es wird von ebenso wenig Menschen beachtet wie eine Sternschnuppe oder es taucht in den düstern Morast und versinkt dort, ohne größere Aussicht darauf, die Aufmerksamkeit auf sich zu lenken als ein Wal, der am Rand des Polarkreises sein Leben fristet. Gewiß, diese Ungeheuer fliegen zum eigenen Vergnügen auf, tauchen zum eigenen Vergnügen unter, sie versuchen nicht, die Aufmerksamkeit auf sich zu lenken, aber das ist, wie ich schon sagte, keine Art und Weise, erfolgreich zu sein.

1830 war Stendhal entsetzt beim Gedanken, um die Wahlstimmen seiner Lieferanten bitten zu müssen: »wie in Amerika« sagte er. Die Dinge haben sich schneller entwickelt, und schon heute sind es unsere Lieferanten, die um unsere Wahlstimmen bitten. Man hat in den letzten Jahren alle möglichen Leute Staatsoberhäupter werden sehen: Oberfeldwebel, Kanalputzer, Zuhälter, Boulespieler, ehemalige Priester, wirklich alle möglichen Leute. Sie haben ihre Sache nicht schlechter gemacht als die anderen: nicht besser sollten wir sagen. Man wird sich bewußt, daß in unserer Gesellschaft von einem Tag auf den anderen irgend jemand alles mögliche werden kann. Geben Sie dem Dorftrottel eine Vollmacht, und schon ist er das Oberhaupt eines Gemeinwesens. Die Armeen können ohne nachteilige Folgen (im Gegenteil) von Perückenmachern, Zinkarbeiterlehrlingen oder Stallknechten befehligt werden; sie erringen deshalb nicht weniger Siege und vollbringen nicht weniger strategische Großtaten. Die vermischten Nachrichten der Zeitungen erzählen uns täglich von Handelsreisenden oder Elektrikern, ja sogar Laufburschen, die sich als Ärzte ausgeben und manchmal jahrelang den Leuten an der Spitze von Krankenhäusern etwas vormachen, in denen es nicht mehr Sterbefälle gibt als in anderen. Man senkt jedes Jahr das Prüfungsniveau, man gelangt darüber zur Bereitschaft, von vorneherein den Prozentsatz der Auserwählten festzusetzen; das Jahrhundert ist bei »Mindestanforderungen« angelangt. Man fischt unermüdlich aus dem Kübel, in den die Faulpelze gefallen sind, wieder welche heraus; man schleppt immer mehr von solchen auf den Kandidatenstuhl. Es handelt sich nicht mehr um Wert, sondern um Gleichheit, die man hauptsächlich von unten her herzustellen sucht.

Für die Archäologen des Jahres 20000 wird unsere Epoche durch einen völligen Mangel an Scherben gekennzeichnet sein.

Son Sardina, 18. September 1963

DER ERZENGEL

Ich bin im Ausland und sehe etwas sehr Seltenes: Pferdemist auf einem mit Nägeln markierten Fußgängerweg. Ich bin also in die Vergangenheit zurückgekehrt. Das ist nicht ohne Reiz für einen, der wie ich vor dem Jahr 1900 geboren ist.

Am Rand des kleinen Dorfes, in dem ich wohne, war ich bereits einem Erzengel begegnet: jeden Tage gehe ich auf einem – selbstverständlich nicht geteerten – von einem rostfarbenen Mäuerchen eingefaßten Weg spazieren, der so weit das Auge reicht durch Mandelbaumgärten führt. Am ersten Tag sah ich eine von einem großen Esel im Schritt gezogene, von einem Sonnenschirm mit Troddeln überdachte Kalesche aus Korbgeflecht mir entgegenkommen. Unter dem Schirm schlief, die Zügel schlaff haltend, ein alter Mann, der Esel schlief, die Kalesche schlief. Und dieser Erzengel fuhr an mir vorüber, ohne mich zu gewärtigen. Nachdem ich um große, im Schatten riesiger Pfefferbäume gleichfalls eingeschlafene Besitzungen herumgestrolcht war, kehrte ich auf demselben Weg zurück, als ich dasselbe Gespann im selben Zustand mir abermals entgegenkommen sah. Der alte Mann (er hatte ungefähr mein Alter) bestand nur aus Haut, Knochen und Muskeln. Man sah übrigens, daß es sehr gute Muskeln waren.

Ich befragte Martin nach ihm. Meine Unterhaltungen mit Martin sind höchst originell: ich spreche nur einige Worte einer Sprache, von der er nur den Dialekt beherrscht, und er spricht kein Wort Französisch. Aber wir gestikulieren. Sie werden sehen, warum ich gesagt habe, daß dieses Gespann (der alte Mann inbegriffen) ein Erzengel war. Ich zeigte den Weg; Martin nickte. Ich kannte den Ausdruck oder vielmehr Schrei, der in seinem Dialekt »Esel« bedeutet; ich stieß diesen Schrei aus. Martin gab mir zu verstehen, daß er verstanden hatte. Von da an wurde es etwas schwerer, das Ideogramm zu zeichnen. Mit Armbeugen, wollüstigen Handbewegungen (die, wie mir heute klar wird, eher die Vorstellung des Schlingerns eines Schiffes eingaben) versuchte ich vor Martins gerundeten Augen die Kalesche aus Korbgeflecht und ihre weiche Wölbung darzustellen. Ich mußte es mehrmals wiederholen und versuchte jedesmal, meinen Bewegungen einen zusätzlichen Hinweis beizufügen. Martin blieb verdutzt. Nach einer Weile riskierte er ein Wort; Martins Worte sind eine Art Urschnauben eines Auerochsen; unter Anwendung großer Aufmerksamkeit gelingt es, sie ins heutige Leben umzuleiten, und dann sind sie ein Mittelding zwischen dem Knurren einer deutschen Dogge und dem Schrei des Waldkauzes. Nun war es an mir zu gaffen! Ich brauche immer fünf bis sechs Minuten, um Martins Schnauben graphisch darzustellen. Er wiederholte es mehrere Male. Ich war endlich im Besitz einer Einzelheit, die ich im Wörterbuch nachschlagen konnte. Das Wörterbuch antwortete mir, daß dieses Gemisch aus Doggenwut und Waldkauzwut »Nachen« bedeutete. Wir waren, alles in allem, gar nicht so weit von der Sache entfernt. Ich begann nun, Martin zu verstehen zu geben, daß dieser Nachen Räder hatte. Daraufhin gab es einige Unschlüssigkeit. Schließlich (um des lieben Friedens willen, glaube ich) nahm Martin meine Idee eines Nachens mit Rädern an. Ich hoffte, daß er den Esel nicht vergessen hatte. »Kommen wir nunmehr zum Mann«, sagte ich mir verwegen. Alt, dürr, die Haut, die Knochen, die Muskeln – und eingeschlafen! Nun war ich aber in arger Verlegenheit! Ich suchte das Wort »alt« im Wörterbuch, ich sprach es aus, ganz falsch selbstverständlich. Martin kaute eine gute Weile an dem, was ich gesagt hatte, und brach dann in einen, wie ich anerkennen muß, entrüsteten Ausruf aus. Folgten seinerseits endlose Beteuerungen, denen ich entnahm, daß er mich zu beruhigen, mich aufzurichten versuchte (er streichelte mir sogar freundlich den Hals). Ich verstand schließlich, daß er mir einzureden versuchte, ich sei ganz und gar nicht alt, und jedenfalls solle man die Dinge nicht tragisch nehmen. Das war schiefgegangen. Es ging noch viel schlechter weiter bis zu dem Augenblick da, wie stets, das Schlechte sich ins Gute verwandelt. Endlich gelang es mir, Martin verständlich zu machen, daß es sich um das Altsein von jemand anderem handelte. Doch als wir so weit gekommen waren, befanden wir uns inmitten einer Menge von Mißverständnissen. Plötzlich erhellte sich Martins Gesicht. Es zeigte sogar das gönnerhafte kleine Lächeln dessen, der sagt: »Also hören Sie mal, da drucksen wir herum, und dabei ist die Sache doch sonnenklar!« Er bedeutete mir, mit ihm zu gehen. Er schlug jenen Weg ein. Ich war sehr stolz, es war mir gelungen, mich verständlich zu machen. Und, sagte ich mir, das war nicht leicht gewesen. Folgten einige etwas hoffärtige Überlegungen über die Erfindung internationaler Sprachen, während Martin nicht aufhörte, gleichzeitig zu lächeln, lange Schritte zu machen und schnell daherzureden; aber, dachte ich, es ist nicht einmal mehr nötig, daß ich ihn zu verstehen versuche, er führt mich genau an den Ort, wo ich mühelos die Erklärung für alles erhalten werde.

Durch eine Bresche in der Mauer ließ Martin mich in einen Mandelbaumgarten eintreten, er ging auf ein kleines Gebäude zu, das sich als Votivkapelle erwies, und indem er den Zeigefinger gegen die Mauer ausstreckte und einen Schrei ausstieß, der offenbar »da!« bedeutete, zeigte er mir triumphierend die Überreste einer Freske. Sie war nicht sehr alt und auch nicht von besonderer Qualität, sondern volkstümlich und von der Art der Ex-Voto-Gemälde. Ihre Naivität hatte einen gewissermaßen byzantinischen Charakter. Sie stellte (dies war in großen Lettern darunter vermerkt) den Erzengel Gabriel dar. Einen ähnlichen Erzengel Gabriel hatte ich nie gesehen. Die himmlischen Heerscharen waren ihm völlig piepe. Er lag schlaff ausgestreckt auf genießerisch unter ihm ausgebuchteten Wolkenmatratzen. Die Kämpfe oder ich weiß nicht was im Zusammenhang mit dem ewigen Leben, der Nähe Gott Vaters und dem Paradies hatten ihn bis aufs Gerippe ausgezehrt und hatten (neben dem Geist selbstverständlich, den man zwischen den gesenkte Lider umrandenden Augenwimpern blitzen sah) an ihm nur wie Harfensaiten über die Knochen gespannte Muskeln bestehen lassen.

Soweit Martin. Ich ließ ihn den Rosenstöcken Wasser geben. Er hatte Amerika für mich entdeckt. Angesichts eines solchen Erzengels Gabriel ging die Sonne für mich seither über unbebautem Gelände auf, wohin ich meine Schritte eilends lenkte. Das Getöse der großen Städte hatte bereits merklich nachgelassen, seit ich hier war; nun war es auf einmal völlig verstummt. Nun herrschten wieder die Stille und der Frieden meiner Jugend: der Zeit, in der man nicht von Daseinsfreude sprach, weil man eben diese besaß und weil diese zu verkünden ein Gemeinplatz war, vor dem der gewöhnlichste Verstand zurückwich.

Mir wurde plötzlich bewußt, daß ich, seitdem ich hier war, Feigen von jedwedem Baum essen konnte, unter der einen Bedingung, daß die Feigen reif waren, und ohne mich darum zu kümmern, wem der Feigenbaum gehörte. Er gehörte zwar jemandem, aber der Betreffende fand es ganz natürlich, daß man sich an den Früchten seines Baums gütlich tat. Ich sage nicht einmal unentgeltlich, der Begriff der Unentgeltlichkeit kam niemandem in den Sinn; ehe sie die Frucht seines Baumes war, war die Feige zunächst die Frucht eines Baumes, das heißt die Frucht des Herrn. Ich dachte plötzlich daran, daß der Bäcker, als ich am vorigen Samstag mein Brot bei ihm holen gegangen war, mir einen Blätterteigkuchen geschenkt hatte. Ich sage tatsächlich geschenkt; und daß er tatsächlich erstaunt war (ich sage tatsächlich erstaunt und es war sogar noch etwas mehr), als ich Miene machte, den Kuchen zu bezahlen. »Bezahlen! Und wieso bezahlen«, sagten mir die freundlichen großen kastanienbraunen Augen desjenigen, der den Kuchen gemacht hatte, »und was beabsichtigen Sie damit zu bezahlen, mein guter Herr? Glauben Sie, ich sei nicht vornehm genug, ich, Bäcker dieses kleinen Dorfes von fünfhundert Einwohnern, um ein wenig von meiner Zeit (deren wahren Wert Sie niemals werden bezahlen können) und meinem handwerklichen Können darauf zu verwenden, diesen Blätterteigkuchen zu machen, damit wir, Sie und ich, in aller (unentgeltlichen) Freiheit morgen die Ehre Gottes feiern und ihm für seine großzügigen Gaben danken können?«

»Wir sind«, sagte mir dieses Dorf (in seiner internationalen und intersiderischen, ohne die Hilfe von Pantomimen und Ideogrammen vollkommen verständlichen Sprache), »wir sind arme Leute, arm an Dollars, aber reich an Zeit. Hätten wir Automobile, so müßten unsere Wege, die träge durch die Obstgärten führen, geteert werden und wir könnten nicht mehr in unseren Kaleschen aus Korbgeflecht unter unseren Sonnenschirmen mit Troddeln schlafen, wenn wir im Dorf Tabak für zwei Sous oder fünf Streichhölzer holen wollen. Wir würden viel Geld ausgeben, das wir nicht haben (aber wir wissen sehr wohl, daß man sich welches leihen kann und daß man uns bestimmt welches leihen würde, wenn wir darum ersuchten), viel Geld ausgeben, um zuletzt dann schlechter dazustehen als jetzt, unsere innere Ruhe, unsere Zeit zu verlieren. Gewiß, nach eurem Vokabular sind wir nicht ›wettbewerbsfähig‹. Wir stehen im Ruf, das ärmste Land Europas zu sein, aber Sie hören uns jeden Abend auf unseren Terrassen lachen und singen. Und wir werden – falls wir so weitermachen – wahrscheinlich weder Ihr Coca-Cola noch Ihre tiefgefrorenen Hähnchen kaufen können. Aber wir haben einen kleinen Wein, der uns bis heute genügt hat, und unsere Geflügelhöfe, deren Produkte nie weiter als auf unseren Tisch gelangen, geizen nicht mit Brathühnern, die unansehnlich, aber wohlschmeckend sind. Und schließlich wissen wir, daß man immer nur das Vergnügen hat, das man sich verschafft, und daß das Glück sich nicht in den Handelsbilanzen findet. Anderswo sind es vielleicht Anwälte, die einem sagen, wie man den Boden bestellen muß, sie säen vielleicht mehr Parolen als Körner. Sie haben vielleicht die Augen auf die Weltmeere geheftet, um die Ladung der Steamer zu schätzen. Hier ist über dem Baum (der seine Früchte spendet) der Himmel, der gleichfalls seine Früchte spendet, ohne daß es nötig wäre, zwischen ihm und uns eine Zollsperre zu errichten. Behalten Sie Ihre Anwälte, die machen zu viel Lärm, wir behalten unsere Siesten. Wir sind gar nicht so wenig erfolgreich, da Sie, wenn Sie von Ihrer Welt erschöpft sind – und das ist bald geschehen –, eilends in unsere kommen und sie nicht ohne Schwermut wieder verlassen.«

Es war in der Tat nicht ohne Schwermut, daß ich jenen Erzengelmist auf dem mit Nägeln markierten Fußgängerweg betrachtet habe.

Son Sardina, 16. September 1963

DAS MEER

Ich habe versprochen, über das Meer zu schreiben. Von Natur aus bin ich ein Mensch der Berge. Im Lauf meines ganzen Lebens habe ich in den Bergen den mütterlichen Schoß der Natur gesucht. Das Land, in dem ich geboren bin, ist ein Land mit hohen Hügeln, also ein Mittelgebirgsland. Von den Fenstern meines Hauses aus habe ich ständig Gipfel von nahezu dreitausend Metern vor Augen, ich bin 1915 dem 159. [Regiment] in Briançon zugeteilt worden, ich habe am Infernet Posten gestanden, kurzum, ich habe eine Seele, die sich in der Einsamkeit wohlfühlt. Beim geringsten Kummer, beim geringsten Ärger wende ich mich zu den Bergen. Das Glück überkommt mich ganz von selbst, wenn ich eine Piemontpappel zittern oder ein Murmeltier pfeifen oder den Tanz des Windes in den Hochweiden des Monte Viso oder das sich unter den Füßen der Gemsen lösende Geröll oder den Schrei des Adlers höre; nichts liegt mir so im Blut wie der scharfe Höhenwind, außer vielleicht das Eiswasser, das aus dem Firnschnee sickert, nichts im Leben bringt (brachte) mich so sehr auf Posten wie der Schnürstiefel und der fertige Ranzen. Ich war nie das, was man einen Alpinisten nennt, ich schwärmte für die Berge, und selbst die »Kuhhügel« brachten mich zum Schwärmen. Ich war nie ein »Fanatiker«, weder im Gebirge noch in der Kunst; ich bin nicht darauf aus, mich selbst zu übertreffen, ich bin auf Glück aus; das ist oft die beste Art und Weise, sich selbst zu übertreffen. Das Gebirge ist also meine Mutter, meine Schule und meine Kirche gewesen.

Dann ist eine Zeit gekommen, in der ich die Berge nur noch von unten her betrachten konnte. Zuerst und von mir aus, um die Sicherheit der anderen oder einfach ihr Vergnügen nicht zu gefährden, habe ich mich von den Höhen ferngehalten, die man nur in der Gruppe ersteigt. Einige Zeit bin ich noch auf den Viehweiden, durch die Buchenwälder, über die Anhöhen geschlendert, aber auch von dort vertrieben worden. Schließlich stellte sich eines Tages heraus, daß ich mein Herz immer noch über seine Verhältnisse zu leben veranlaßte, und die ganze Bergwelt wurde mir untersagt. Ich begebe mich noch, im Wagen, so hoch, wie es mir erlaubt ist, und habe genügend Phantasie, um mit Schatten für zwei Sous, Klängen für zwei Liards und zwei Mundvoll eisiger Luft außerordentliche Glücksgefühle zu rekonstruieren. Aber ich habe mich einem anderen kosmischen Ungeheuer nähern, mit ihm näher befassen und in seiner Gesellschaft leben müssen. Mir blieb das Meer.

Nachdem man ein reinblütiger Gebirgsmensch gewesen ist, wird man zwar nicht von einem Tag auf den anderen Seemann. Das lag nicht in meiner Absicht. Ich bin nicht verrückt. Die Berge haben mich Demut gelehrt und mir das Maß meiner Kräfte gezeigt. Nein, doch was ich jedenfalls ablehnte, waren das kurze Bad im Meer und das Strandleben, die Pinguin-Kinderstuben, die den Rand der Meere säumen. Hinzu kommt, daß ich nicht schwimmen kann.

Sobald sicher war, daß mein Herz der Höhe von dreitausend Metern nicht mehr standhalten würde, habe ich mich also dem Meer genähert. Selbstverständlich nicht wie ein Verurteilter. Ich habe zunächst damit begonnen, jenes außergewöhnliche Buch zu lesen, das sich *Instructions nautiques* nennt. Es enthält in mehreren hundert Faszikeln von jeweils mehreren hundert Seiten die Beschreibung fast Meter um Meter aller Küsten der Kontinente der ganzen Welt, vom Gesichtspunkt des Navigators aus; es ist der vollständige und immer wieder auf den neuesten Stand gebrachte Katalog der Tücken und Freundlichkeiten von Land und Meer. Da ist keine Landmarke, sei sie durch einen Berg gebildet, ein Küstendorf, eine Kirche, einen kugelförmig gestutzten Baum, eine Palme oder auch nur eine simple rot und weiß gestrichene Blechtonne, die nicht angemerkt würde, und befände sie sich auch an der ödesten Stelle des Beaglekanals (andernorts erst recht). Ein Fels zeigt sich nicht im kleinsten Atoll, ohne hier in seinen Ausmaßen, der Farbe des ihn übersprühenden Wassers und dem Geräusch, den er beim Auftauchen macht, angegeben zu werden. Der Stil dieser *Instructions nautiques* ist ein Leckerbissen. Er ist dazu angetan, sofort, zu jeder Zeit verstanden zu werden. Er ist reiner als der des Stendhal teuren Bürgerlichen Gesetzbuchs. Ein schöneres Buch läßt sich nicht denken. Nichts anderes geschieht darin als eine langsame Reise entlang unbekannten Gestaden, die man nach und nach entdeckt. Es ist das ideale Buch für einen Gefangenen. Nach langem Umgang mit den *Instructions nautiques* habe ich mich dem Meer genähert, mich aber in vorsichtigem Abstand gehalten. Nicht vor ihm hatte ich Angst, sondern vor seinen über den Strand verbreiteten Trokkenanlagen für die Stockfische*. Im Winter schließlich

* Giono meint die Urlauber. (Anm. d. Verl.)

bin ich bis an seine Ufer gegangen, wenn es bleich und ungebärdig ist und den Leuten ins Gesicht spuckt.

Jeder hat das Bedürfnis (ich sage jeder, denn ich sehe, daß jeder danach sucht; die meisten sind lediglich ungeschickt oder fehlgeleitet in ihrer Suche), jeder hat das Bedürfnis nach Größe. Ich spreche nicht von jener, von der Corneille spricht, sondern von einer Art Größe, die der Mensch nie erreicht. Der Mensch mag sich noch so stark vermehren, jene Größe zu erzeugen vermag er nicht: er erzeugt die Masse, die Menge, das Gewimmel, doch nicht die Größe. Die Einzelgänger erreichen sie manchmal. Im Grunde hatte ich unrecht mit meiner Unterscheidung: es handelt sich durchaus um die Größe, von der Corneille spricht, und der Mensch kann sie sehr wohl erreichen; sie ist sogar das, wonach er mit allen seinen Kräften strebt, wenn er seines Namens würdig ist. Sie ist, was man in den Bergen sucht. Sir Roderick Campbell, der zuletzt in ich weiß nicht mehr welchem Gebirgsmassiv in der Gegend von Kandersteg verschwunden ist, sagte: »In dreitausend Metern Höhe gibt es weniger Dummköpfe als auf der Höhe des Meeresspiegels.« Wenn man den Ozean im Winter sieht, hat man den Eindruck, daß es auf der offenen See wohl auch nicht viele Dummköpfe gibt.

Meine Freunde nahmen mich also auf eine Kreuzfahrt mit in einem mit zwei Motoren von 350 PS ausgerüsteten Schnellboot von fünfundzwanzig Metern Länge. Wir fuhren zur Insel Elba. Das Wort Hafen versteht man erst dann wirklich, wenn man vom Meer kommt. Ich bin nicht Vasco da Gama, und fünf oder sechs Stunden offenes Meer, während denen man jede Sicht auf Küsten verloren hat, reichen mir vollauf, was den Kontakt mit den freien Gewalten betrifft. Wenn man nicht nur die Hafendämme näherkommen, sondern auch dieses in seiner Felsenschale sorgsam geschützte Wasser sieht, sagt man sich, daß das Abenteuer eine schöne Sache ist; wenn man am Kai vor Anker geht, ist das Abenteuer die Sache, die es wert ist, erlebt zu werden; wenn man den Fuß aufs Festland setzt, ist man bereit, alle Augenblicke begeisterte Töne anzuschlagen.

Von der Insel Elba aus wollten meine Freunde mich nach Korsika mitnehmen. Das ist eine Angelegenheit von vier bis fünf Stunden. Das Wetter war nicht schön oder genauer, es sprach dagegen. Wir beschlossen, einen Versuch zu unternehmen, aber uns nicht darauf zu versteifen. Wir unternahmen einen Versuch und versteiften uns darauf, wir taten gut daran: es gab gerade genug Bewegung, um die guten und die bösen Gefühle zu mischen. Der Hafen von Bastia, den wir bei Sonnenuntergang anliefen, war sehr schön in seinem aristokratischen Grau.

Tags darauf umfuhren wir das Cap Corse, um an der Westküste in die Bucht von Saint-Florent zu gelangen. Ganz am Ende des Cap Corse ist ein Weiler, fünf oder sechs Fischerhütten mit ihren bis vor die Türschwellen aufs Trockene gezogenen Booten, für mich die genaue Darstellung des Paradieses. Das Licht auf dieser Küstenstrecke ist gleichsam übernatürlich.

Als wir in der Bucht von Saint-Florent ankerten, wurden wir von schlechtem Wetter überrascht. Die Bucht ist den Nordwestwinden weit geöffnet, und die wehten mit einer Geschwindigkeit von fünfunddreißig Knoten. Der morgendliche Wetterbericht verkündete:

»Am Nachmittag Sturm wahrscheinlich.« Eine Kabellänge von der Südküste entfernt, in der Nähe des kleinen Leuchtturms mußten wir unsichere Zuflucht nehmen. Wir waren dort zu mehreren dicht gedrängt: eine englische Segeljacht namentlich, die an den folgenden Tagen zweimal auszulaufen versuchte, aber brav in den Pferch zurückkehrte.

Trotzdem mußten wir uns nach drei Tagen des Wartens dazu entschließen, nach Calvi weiterzufahren. Wir taten es bei unruhiger bis stürmischer See. Aber die Dünung war lang, und ausgenommen vor der Ile-Rousse, wo die Wellen drei bis vier Meter erreichten, war das Stampfen ganz erträglich. Da man nun einmal unbedingt an etwas Außerordentlichem teilgenommen haben muß, entschieden wir, als wir im Hafen von Calvi angelangt waren, übereinstimmend, daß wir in unseren Berichten über die Unternehmung das Recht haben würden, den Wellen jährlich einen Meter hinzuzufügen; im nächsten Jahr würden die Wellen, die unser Fahrzeug geteilt hatte, fünf Meter hoch sein, und so weiter. Dieser Entschluß wurde zu dem Zeitpunkt gefaßt, als wir hofften, das Wetter würde endlich schön werden. Wir mußten noch in Nizza anlegen, was mindestens neun Stunden Fahrt auf offener See bedeutete. Für mich gab es da nichts zu lachen.

Nachdem wir im Vertrauen auf eine beruhigende Wettervorhersage eines Morgens um fünf Uhr abgelegt haben, finden wir um zwei Uhr auf offener See einen Südwestwind, der uns backbords anfällt. Die Dünung war diesmal kurz, hinzu kam (wegen des Südwestwinds) ein scharfes Schlingern. Jetzt, da ich es aufschreibe, bin ich ziemlich stolz auf diesen »Südwestwind« und dieses »backbords«, ich war es sehr viel weniger mitten auf dem aschgrauen, nebligen Meer, das sich auf uns stürzte wie eine Katze auf einen Wurf Mäuse. Wir mußten die Geschwindigkeit drosseln, schließlich die Fahrt ändern und einen Hafen an der ligurischen Küste anlaufen. Auf der gleichen Strecke in Gegenrichtung ging tags darauf das englische Schnellboot aus Willougby mit Mann und Maus unter.

Ich habe gewiß nichts Außergewöhnliches getan, aber ich denke an diejenigen, die solches leisten. Vorhin habe ich hinsichtlich der Größe Läuse auf einem Marmorkopf gesucht: es handelt sich sehr wohl um jene, von der Corneille spricht.

Son Sardina, 17. September 1963

DER GEWISSE JEMAND

Ich kenne einen gewissen Jemand, der alles reglementieren, ordnen, Vorschriften unterwerfen will. Wenn man auf ihn hörte, könnte man die Schutzkappe keines Füllfederhalters mehr abnehmen, die Seiten keines Buches umdrehen, sich nicht räuspern, ohne daß diese Handlungen einem Rahmenplan gehorchen und gewissermaßen »wettbewerbsfähig« werden: das ist sein Lieblingswort. Er ist Anwalt und für die Kontroverse wie geschaffen, er verfügt über einen Wortschatz von mehr als dreitausend Wörtern, sein Mund ist dreiundzwanzig Zentimeter breit, sein Kiefergelenk ist vierseitig beweglich wie das der Schlangen; wenn er schwatzt, ist das ein Schwall, der alles mit sich fortreißt. Er ist übrigens von der Regierung mit ich weiß nicht welcher wichtigen Mission betraut. Er ist Generaldirektor der Gesellschaft der Seidenraupenzüchter des Département Haute-Marne, Generaldirektor der allgemeinen Vereinigung des Müllabfuhrpersonals von Vitry-le-François, Generaldirektor des allgemeinen Verbandes der Weinbauern des Marais von Poitiers etc., endlos weiter so, vorausgesetzt es ist »General« und »allgemein«. Ohne jede Vorbereitung und ohne besonderes Talent hat er sich auf die Landwirtschaft spezialisiert und hat dort in einer Art Bürokratie, in der das Wort König ist, reüssiert. Er hat Gewerkschaften, Kooperativen, betriebseigene Einkaufs- und Verkaufsstellen geschaffen, Kassen, kurzum Sachen mit sozialen Zentralen in den Hauptorten von Kantonen oder sogar von Präfekturen. Ein Lokal, drei Stühle, ein Tisch, hinter dem er thront, donnert und detoniert; er ist nun glücklich und überzeugt, die Wahrheit zu besitzen, die Weisheit gepachtet zu haben, der einzige zu sein, der die Pflicht zum Schulmeistern hat und das Recht, es zu tun, der einzige, der die Welt und das Weltall zum Glück führt, zur Ordnung, zur Regelung, zum Plan, zur Statistik (die das Fundament von allem ist). Hinsichtlich des Räusperns beispielsweise wird er Ihnen sagen, daß man sich in Frankreich dreimal weniger als in Dänemark und elfmal häufiger als in Belutschistan räuspert und daß wir an dreizehnter Stelle nach den Samojeden und den Einwohnern von Tristan da Cunha rangieren, was das Abnehmen der Schutzkappe vom Füllfederhalter angeht. Was Reis, Getreide, Wein, Kartoffeln betrifft, können Sie sich völlig auf ihn verlassen: auf das Milligramm genau wird er Ihnen sagen, was der transoxanischste* Türke, den man sich vorstellen kann, produziert, konsumiert, vergeudet, verschwendet, importiert und exportiert.

Dieser gewisse Jemand hat kürzlich in einer neuen Wochenzeitung geschrieben, was er über die Freizeitbeschäftigung denkt. Sehr gewichtig, wie alles, was er tut und im Stil eines delphischen Orakels. Die Freizeitbeschäftigungen, sagt er im wesentlichen, müssen organisiert werden. Ohne Organisation gibt es keine ihres Namens würdige Freizeitbeschäftigung. Keine Erholung ohne Organisation, keine Zerstreuungen ohne vorherige Planung, keine Unterhaltung ohne Parole. Die Erholung [= französisch: Repos] ist in seinem Artikel so beschrieben wie im Handbuch des Soldaten nach dem Befehl »Rührt Euch!« [= französisch:

* Transoxanien = Bis ins 16. Jh. gebräuchlicher Name für die Landschaft Buchara. (Anm. d. Verl.)

»Repos!«]. Die Alten auf eine Seite, die Jungen auf die andere, die Männer rechts, die Frauen links mit einem Danziger Korridor zwischen beiden, der zu vorher sorgsam festgesetzten Zeiten geöffnet und geschlossen wird und dessen gedruckter Zeitplan auf einfache Anfrage hin (bitte 1 Franc in Briefmarken beifügen) am Schalter Nummer 3 verteilt wird. Seine Worte sind nicht im mindesten elegant, ungezwungen oder ironisch, sie sind ein Evangelium, und uns droht für die Zukunft Schlimmstes, wenn wir weiterhin mit den zufälligen Unterhaltungen vorliebnehmen. Die Anarchisten, also diejenigen, die zum Beispiel lieber nicht in die Wüste, sondern mit einer kleinen Freundin zum Strand gehen wollen, oder diejenigen, die an diesem Tag für ein Fußballspiel nichts übrig haben und lieber ausruhen wollen, die Anarchisten werden von speziellen Freizeitbeschäftigungsbrigaden mit Knüppeln, Arrest, kurz allem, was man braucht, um die Frohbotschaft den härtesten Schädeln einzuhämmern, zur Erfüllung ihrer Pflicht angehalten werden.

Das Ärgerliche ist, daß man diese Dummköpfe immer zu dem oder jenem Zeitpunkt schließlich einmal ernst nimmt. Jener bewußte ist, wie ich sagte, ein begabter Diskussionsredner und von der Regierung bereits mit einer wichtigen Mission beauftragt, einer, die zur Zeit allerdings keinen Zusammenhang mit Freizeitbeschäftigung hat, aber ein Zusammenhang mit jeglichem ist schnell gefunden, wenn das Verlangen danach steht.

Für mich (da vorderhand jeder noch seine Meinung sagen darf) gibt es nur eine Sache, die zerstreut, unterhält, die Langeweile und die Sorgen vertreibt, erfreut und erfrischt, bei Gesundheit erhält und erholt, und das ist die freiwillig verrichtete Arbeit, das heißt die Arbeit, die man liebt. Nicht die, zu der man gezwungen wird, sondern jene, ohne die das Leben kein Interesse hat. Eben sie sucht man übrigens im Urlaub zu tun: der eine gibt den Landbriefträger ab, der andere den Automobilrennfahrer, die eine die feinerzogene Dame, die andere das Mannequin und so weiter.

Stellen Sie sich eine Arbeit vor, die den Arbeiter dazu zwänge, vom frühen Morgen bis zum Abend (wenn auch mit Gummistiefeln) bis zu den Schenkeln im eiskalten Wasser zu sein, sich auf klebrigem und schlüpfrigem Grund zu bewegen, vergeblich und unablässig die Arme zu schwingen, jedesmal auf die Gefahr hin, das Gleichgewicht zu verlieren (was vorkommt, und dann nimmt man ein eiskaltes Bad) oder sich einen sehr spitzen Stachel in die Finger, die Handfläche oder die Hinterbacken einzuziehen, mit ebenfalls klebrigen, schlüpfrigen, eiskalten Stoffen zu hantieren – sofern es etwas zum Hantieren gibt. Stellen Sie sich diese Arbeit vor und den Krach, den die Gewerkschaften schlagen würden. Dies aber ist, was sich mit ungetrübter Freude der Forellenangler auferlegt. Vielleicht ist er im gewöhnlichen Leben ein zimperlicher Amtsschreiber, ein Büromensch, ein Zeitschriftenverkäufer, ja sogar ein auf Thermostate versessener Abteilungsleiter. Machen Sie ihm den Vorschlag, künftig nur noch Forellen zu angeln, er wird annehmen, auf die Gefahr hin, es nach einiger Zeit zu bereuen und wird sodann den Urlaub in seinem Notariat oder seiner Abteilung für Damenwäsche verbringen. Das Entscheidende ist, daß wir eine Arbeit tun, die uns gefällt.

Ich lehne es ab, meine Freizeitbeschäftigung von einem anderen als mir selbst organisiert zu sehen und ich lehne es ab, die Freizeitbeschäftigung der anderen zu organisieren. Für mich wird sie vielleicht die Suche nach einer Worterklärung sein, das langsame Niederschreiben einer langen, an Charakteren und Geschehnissen verwickelten Geschichte vor dem Jasmin am Fenster, das Stunden währende Eindringen in einen schwierigen Text oder die heitere Reise durch Tausendundeine Nacht oder der Schlummer mitten am Nachmittag, während dem man in der Tiefe eines Traums das Summen einer Wespe, das Prasseln des Regens, das Grollen des Donners oder den Gesang der Maultiertreiber in den Feigengärten vernimmt. Ein anderer wird vielleicht lieber seinen Wagen waschen, ihn fein putzen, das Chrom mit dem Fensterleder blankreiben. Dieser beschäftigt sich damit, Sandalen zu flicken, jener sucht Pilze, ein weiterer, wie gesagt, angelt Forellen oder Weißfische oder Meerjunker mit der Leine. Der eine geht spazieren, um spazieren zu gehen, ein anderer geht, um irgendwohin zu gehen. Für jeden ist es die Suche nach einer Ermüdung, für die er geschaffen ist, die sein Körper und sein Geist nicht nur hinnehmen, sondern nach der sie verlangen. Und all dies ist vollkommen achtenswert.

Ich erinnere mich, in den ärmsten Kantonen der Alpendépartements (die mein gewisser Jemand nach seinen Wünschen zu organisieren hofft, »allgemein geteilten« wenngleich »wettbewerbsfähigen« – oder weil »wettbewerbsfähigen« – Wünschen) einen Pflüger gesehen zu haben, dessen Verhalten mich stutzig machte. Vor seinen Schwingpflug war ein Maultier gespannt, und er grub ein sehr abschüssiges Feld mit, wie man sagen muß, großem Geschick um. Wenn er vier oder fünf Furchen gezogen hatte – und Gott weiß, wie gerade sie waren – bewilligte er sich eine kleine Ruhepause unter einer Buche, zog ein Buch aus der Tasche seiner Latzhose und las einige Seiten. Er erklärte mir, er habe das Lehrerexamen für Mathematik, er habe es aus besonderer Neigung zu dieser Disziplin erworben, hasse es aber zu unterrichten. Die Stellen, die er aufgrund seiner Diplome leicht hätte bekommen können, widerstrebten ihm ebensosehr. Neigung empfand er nur zur Feldarbeit (außer zu seiner Wissenschaft). Er hatte sich (im Alter zwischen dreißig und vierzig Jahren) mit seiner Frau und seinem Töchterchen auf den Bauernhof der Familie zurückgezogen, den er aus der Hand seines Vaters übernommen hatte und führte ihn sehr gut. Er ging nie in Erholung, denn sein ganzes Leben war eine Erholung. Heute hatte seine Erholung darin bestanden, dieses Stück Land für die Herbstsaat vorzubereiten und einige Punkte der algebraischen Topologie zu klären.

Ich gebe gerne zu, daß dieses Beispiel ein wenig außergewöhnlich ist. Aber jene, die eine Werkbank in ihrer Garage stehen haben und ihre Sonn- und Feiertage damit zubringen, Bretter zurechtzuhobeln, Holz zu sägen, Regale, Büchergestelle und sogar Schränke – mitunter geschnitzte und kunstvoll geschnitzte Schränke – herzustellen, sind keine Ausnahmen. Manche bringen nach dem Büro ihre Stunden mit Wonne damit zu, Radiogeräte zu bauen; zwei Mailänder haben darin sogar eine solche Fertigkeit entwickelt, daß sie als die ersten die von den künstlichen Satelliten gesendeten

Nachrichten hörten. Zahllos sind die Liebhaber, die die Fachleute übertroffen haben. Das Wort sagt alles: sie lieben.

Son Sardina, 19. September 1963

EINE GESCHICHTE

Mir wurde eine Geschichte erzählt. Sie hat einen schwermütigen Untergrund. Ich gebe Sie Ihnen so wieder, wie ich sie gehört habe.

Es handelt sich um eine Frau, die gestorben und letzten Samstag beerdigt worden ist; die meisten der in die Begebenheiten verwickelten Personen leben noch, ich werde die Dinge (besonders die Namen) unkenntlich machen müssen.

Um 1900 gab es in der Gegend, in der ich mich zur Zeit aufhalte, große Landgüter. Sie bestanden aus sieben- bis achthundert Hektar magerer Obstgärten, Mandelbäumen, unter denen man Getreide anbaute, das kurz blieb, Johannisbrotbäumen wegen des Viehfutters, Feigen usw. Eine Herde von einigen hundert Schafen strolchte durch die Stoppeln und die Obstgärten. In den Jagdgebieten der Anhöhen waren auch Fasane. Man züchtete einige Pferde, Maultiere, Esel. Kurz, man führte ein Leben, das bequem war und elegant zu bleiben vermochte. Die Eigenart der meist zum Adel und vornehmlich zum uneigennützigsten Adel gehörenden Bewohner trug dazu bei, aus diesen Gütern abgeschlossene Reiche zu machen. Gewöhnlich stand an der schönsten Stelle ein Herrenhaus (manche stehen noch: sie sind in einem etwas kolonialen Stil des Achtzehnten erbaut) und darum herum, über das Landgut verstreut, waren vier oder fünf Gehöfte, Scheuern, Stallungen, die weder von Bauern noch von Pächtern, sondern von in keinem Gesetz oder Gesetzbuch Benannten, zwischen dem Vetter (und sogar dem Bruder) und dem Sklaven die Mitte Haltenden bewirtschaftet wurden.

Auf einem dieser Güter also (während ich schreibe, sehe ich von meinem Fenster aus das prachtvolle, mit Magnolien, Pfefferbäumen und Buchen gebildete Boskett, das sein Herrenhaus verdeckt) wohnt ein Marquis, Monsieur de T. Er ist Witwer, er hat eine Tochter von zwanzig Jahren, sie ist vielleicht nicht im üblichen Sinne schön, aber gut gebaut, fühlt sich wohl auf ihren Hektaren und weiß dies zu nützen, was ihr zu flachsblondem Haar, einer Aprikosenhaut verholfen hatte – einer Seltenheit in der Zeit der Sonnenschirme –, ihre Augen waren smaragdgrün. Ich kann sie beschreiben, denn ich bin ihr zehnmal auf dem Wcg begegnet, sowohl im vergangenen wie auch in diesem Jahr. In ihrem Alter von mehr als achtzig Jahren sah man ihr noch an, was sie gewesen war. Keine anderen Kinder. Sie ist allein, sie regiert die Dienerschaft und die Bauern (versklavte Vettern); der Graf, der Weibergeschichten hat, ist oft abwesend.

Es gelingt ihr (nennen wir sie Juana – das ist von ihrem wahren Namen sehr weit entfernt), ohne Aufsehen einen Geliebten zu haben. Erinnern wir uns, daß sich das alles um 1900 abspielt, daß die begehrenswerten Mädchen von zwanzig, fünfundzwanzig Jahren jederzeit von sie belauernden Leuten umgeben sind, daß wir in einem Lande sind, wo die Ehre hochgehalten wird, daß der Graf bezüglich dieses Kapitels um so strenger war, als er es genoß, sich mit Weibern der niedrigsten Art abzugeben; zudem sagte ich, daß Juana die Bediensteten schulmeisterte, was nicht geschieht, ohne daß man sich Feindseligkeiten zuzieht. Und doch wird völlige Verschwiegenheit gewahrt. Das rührt zunächst daher, daß die Liebenden diskret sind. Aber sie sind leidenschaftlich, wie man sehen wird (sie zum mindesten ist es), und es gibt kein Beispiel von Diskretion, die mit der Zeit der Leidenschaft standhält (oder umgekehrt); Juana ist es jedoch gelungen, sich auf dem ganzen Gebiet ihres Reichs beliebt zu machen, und vom kleinsten Küchenjungen bis zum obersten Maultiertreiber, von der Matrone bis zur Spülmagd, vom Schäfer bis zum Butler begünstigen aus Zuneigung alle ihre Liebe. Ich sagte soeben Butler, um abzukürzen, in Wirklichkeit handelt es sich um einen kleinen Bauern, der bei Tisch serviert und dem man bei großen Gelegenheiten eine rote Weste anzuziehen befiehlt.

Der Geliebte ist ein schöner Mensch. Vom gleichen Alter wie Juana oder nahezu, groß, kräftig, schöner bronzefarbener, leicht gelockter, seidenweicher Bart, kastanienbraune Augen, glaube ich. Er war unselbständiger Maurer. Man hatte ihn kommen lassen, weil er das Dach der Scheune ausbessern sollte. Gewiß, wenn man schön ist, bringt einen ein Dach, über das man mit Leichtigkeit geht, vorteilhaft zur Geltung. Es war Juana, die die ersten Schritte tat. Ihre Wünsche wurden sofort in reichem Maße erfüllt. Er war zärtlich und männlich, was nicht auf einen großen Charakter schließen läßt.

Ungetrübtes Glück jahrelang. Wenn man hier und zu jener Zeit liebt, ist es ernst. Den Marquis bekümmert die verstreichende Zeit nicht, er sieht nicht, daß seine Tochter zur Frau wird, bemerkt sie nicht einmal mehr: sie ist ein vertrautes Möbelstück; bis zu dem Augenblick, da er sich bewußt wird, daß es von Interesse wäre (aus Gründen des Vorsitzes in einem Verwaltungsrat einer Schiffahrtsgesellschaft, in der er im Begriff ist, die Mehrheit zu verlieren), sie mit einem Aktionär zu verheiraten, einem im übrigen sehr ansehnlichen, um knapp fünfzehn Jahre älteren Mann.

Dazu muß man wissen, daß Juana ihrem Maurer zwanzigmal die Heirat vorgeschlagen hat. Jedesmal hat er geantwortet: »Du bist zu reich.« Er ist treu wie ein Fels, anhänglicher als Efeu, aber er möchte lieber in der Sünde leben, als dem Marquis und den Sarkasmen die Stirn bieten, die es gewiß regnen würde (vielleicht sogar in Versen und in Vierzeilern – in der Eifersucht und selbst im Haß ist das Volk elegant).

Der Marquis bestimmt also, Juana weigert sich; der Marquis droht, bestimmte Klauseln zur Anwendung zu bringen, die Juana des Guts verweisen werden. Eines Nachmittags steigt sie aufs Pferd, besucht alle Gutshöfe, verweilt in den Wäldern, klettert auf eine Anhöhe, blickt lange auf all die Hektare roter Erde. Gewiß, sie kann dieses ganze Reich aufgeben, eine kleine Hütte und ihr Liebhaber genügen ihr. Wenn sie erst fort ist, wird es jedoch bald in die Hände der Frauenhändler gelangen. Sie reitet zurück, sie willigt in die Heirat ein.

Am Tag der Hochzeit geht sie im Morgengrauen zu ihrem Geliebten. Sie sagt ihm: »Leg zur Mittagszeit deinen Sonntagsanzug an, komm von deinem Haus zu uns herunter und warte hinter der Tür. Ein kleiner Junge wird dich abholen, folge ihm.« Ihre Worte sind ihm Evangelium: zur Mittagszeit ist er – nennen wir ihn Paul – im Sonntagsgewand hinter der Tür. Er steht noch keine Minute da, als tatsächlich ein in weiße Seide gekleideter kleiner Junge ihn holen kommt.

Er wird direkt in den Saal geführt, wo, nachdem die zivilen und die religiösen Zeremonien vorbei sind, die Gäste – mehr als hundert Personen – essen, trinken und einander beglückwünschen. Als sie ihn erblickt, schlägt Juana mit einem Messer an ihre Champagnerschale und läßt Stille eintreten. »Ich habe mich soeben«, sagt sie, »mit Herrn Soundso verheiratet. Jeder, selbst er (vor allem er, denn er ist intelligent), weiß, daß es dabei ganz einfach um ein materielles Interesse geht. Das Interesse ist respektabel, wir haben es respektiert. Jetzt geht es darum, mein Herz zu respektieren. Dieser Mann« (sie veranlaßte Paul, näher zu treten und stellte ihn vor) »ist seit fast fünf Jahren der Gebieter meines Herzens. Meines Herzens und meines Leibes. Das ist wichtig genug, und ich wünsche deshalb, ihn Ihnen heute vorzustellen.«

Man kann sich denken, daß bei dieser kurzen Rede in den großen Salons Totenstille eingekehrt war. Unter den Ahnenbildern an den Wänden schien das eines Kardinals den stärksten Anteil zu nehmen. Paul trat zu Juana heran und faßte ihre Hand. Sie drückte seine Hand und fuhr fort: »Wir werden nicht in der Lüge leben. Im ersten Geschoß dieses Hauses befindet sich das Zimmer dieses Herrn.« Sie wies auf den Mann, der vor dem Gesetz ihr Mann war. »Es blickt auf die Front des Hauses, wie es sich gehört, und sein Fenster hat einen Balkon, damit er von seinem Gemach aus das Personal rufen kann, was zu seinen Vorrechten gehört. Es steht ihm frei, von heute abend ab dort zu schlafen. Mein Zimmer und das desjenigen, den ich liebe, ist am anderen Ende des Ganges. Wir beabsichtigen, von heute abend ab dort zu schlafen.«

Darauf folgte ein Nachmittag, den man zum mindesten dämonisch nennen kann. Aber es waren zu viele Interessen im Spiel, und die Anwesenden (Paul inbegriffen) waren so stolzgewohnt, daß es zu keinem tragischen Vorfall kam. Auch zu keiner Tragödie in mehr als zwanzig Jahren, an deren Ende der legale Ehemann starb. Etwa fünfzehn Jahre später starb auch Paul. Juana war eine vorbildliche Witwe. Sie verwaltete das Landgut weiterhin. Der Marquis war schon lange tot. Ich habe von ihm nicht gesprochen, weil er in dieser Geschichte von geringer Bedeutung ist. Über Paul habe ich auch nicht viel gesagt. Denn er ist nicht der eigentliche Held.

In diesen ungefähr vierzig Jahren friedvoller, erfüllter Liebe drehte sich die Welt auf die übliche Weise weiter. Es kam zu einer Revolution, während der Juana Paul in einem Faß versteckte; an manchen Tagen brauchten die Schützen der einen wie der anderen Partei Menschenfleisch gleich welcher Art. Vor allem kam es zur Entwicklung der modernen Gesellschaft. Kurze Zeit nach Pauls Tod sah sich Juana gezwungen, nach und nach einen Hof nach dem anderen, Hektar um Hektar zu verkaufen. Sie alterte, verlor ein wenig den Verstand. Bald blieb ihr nur noch das Herrenhaus, das zu unterhalten unmöglich war und das verfiel. Unmöglich beispielsweise, das Dach auszubessern, das mehr als sechshundert Quadratmeter deckte. Zuletzt regnete es bis in den Salon, in dem sich die denkwürdige Szene abgespielt hatte. Der Schimmel hatte auf die Lippen des Kardinals ein listiges kleines Lächeln gelegt.

Juana war nicht gänzlich verlassen. Der kleine Bauer, der einst von Zeit zu Zeit die rote Weste und die weißen

Handschuhe anzog, war ihr treu geblieben. Er hatte fast das gleiche Alter wie sie. Ohne ihr Wissen unterhielt er sie mit einem Krämerladen, den er in den Nebengebäuden betrieb und in dem die Bauern einkauften.

Um 1958 verlor sie vollkommen den Verstand. Ich habe sie 1960 kennengelernt. Zu der Zeit war sie schön (während sie, wie gesagt, es in ihrer Jugend nicht so ganz gewesen war), aufrecht und mager, das gebührende Wort ist »glänzend«. Sie war nicht einmal mehr Eigentümerin der Ruine, die sie bewohnte (mit dem kleinen Bauern, der wie sie ein wenig über achtzig Jahre zählte). Und was ich nun mitteile, hat sich am Tag ihres Todes, in der vergangenen Woche ereignet.

Sie bildete sich ein, noch die Herrin der Ländereien zu sein und beschloß, sie zu inspizieren. Der kleine Bauer lief so schnell es ihm seine achtzig Jahre erlaubten, um alle davon in Kenntnis zu setzen. Er redete überzeugend, denn in einer geliehenen Kutsche wurde die von ihrem zum Kutscher beförderten Ex-Butler gefahrene Juana von den Hofeigentümern wie eine Königin empfangen, gefeiert, geküßt (mit allem dem Respekt, den wahre, in Diensten stehende Wirte dabei gezeigt hätten). Außer sich vor Freude kehrte sie abends nach Hause zurück. Doch just durch diese Freude schien sie ihre Sinne wiederzufinden. Sie sah so aus, als gewahrte sie zum ersten Mal die Regenflecken in der großen Halle, die Rissigkeit der Wände, die Türen, die sich geworfen hatten. Sie blickte den alten Butler aufmerksam an, sie sah, wie sein armer, zahnloser Mund arbeitete, sie ging zu ihm, strich ihm zart über das Gesicht und sagte: »Du bist lieb.« Noch am selben Abend starb sie.

Der Butler (das heißt, was vom kleinen Bauern noch übrig ist, der manchmal die rote Weste und die weißen Handschuhe angezogen hat), der treue Liebhaber ist nun allein. Falls Gott nichts begriffen hat, ist er imstande, ihn hundert Jahre alt werden zu lassen. Ich würde gern sehen, was nach diesen starken Regenfällen aus dem Lächeln des Kardinals geworden ist.

Son Sardina, 20. September 1963

DER KÖDER UND DIE FALLE

Die Welt steckt voller Fallen. In allen Ecken sind Köder ausgelegt. Sie kaufen keine Unze Makkaroni, keine Zigarette, Sie wählen keine politische Partei, ohne vorher geködert worden zu sein. Gestern wurde ich aus meinem Mittagsschlaf von einer Melodie geweckt, die an sich recht hübsch war, aber so klang, als würde sie auf sonderbare Weise von einer Art gläsernem Xylophon gespielt. Nicht nur das Xylophon war sonderbar, sonderbar war auch, daß diese aus kaum vier oder fünf Takten bestehende Melodie immer wieder von neuem begann und, was noch sonderbarer war, den Rhythmus änderte: Manchmal klang sie getragen und edel, um ohne Übergang heiter beschwingt, sodann überstürzt zu werden, um plötzlich einen Ton anzuhalten und abzubrechen; dann setzte sie wieder ein. Ein Rätsel. Ich habe zuerst an ein Grammophon gedacht, eine alte Platte, dann ich weiß nicht mehr woran, tausend Vermutungen. Schließlich, gereizt, aber vor allem neugierig, bin ich aufgestanden, um zu sehen, was los war. Es war ein Reklamewagen, an dem eine neue Kakaomarke verkauft wurde. Die Musik (genialer Einfall) war einfach an das Gaspedal angeschlossen. Ich werde diesen Kakao nie kaufen und zwar gerade wegen der Vulgarität dieses genialen Einfalls, der ... Und wer weiß, ob ich nicht doch welchen kaufen werde?

Jedenfalls kauften die Leute aus dem Dorf den Kakao. Man sah sie aus den Tiefen ihrer Obstgärten, aus ihren Häusern, vielleicht sogar (wie ich) von ihren Mittagsruhen kommen, und sie drängten sich um den Musiklastwagen wie Eisenspäne an den Magnet.

Vor einigen Jahren verfolgte mich in Italien ein Wort auf einem am Straßenrand stehenden Schild nächtelang: Rabarbaro. Was für ein Barbarenkönig war dies? Schließlich: ein Rhabarberapéritif.

Wenn ich von hier in die Stadt fahre, um Einkäufe zu machen, raten mir hundert Plakate, hundert Sorten Jerez zu kaufen, Teigwaren, Würste, Weine, Radios, Fernseher, man bietet mir Artisten, Tänzer, Nachtclubs, Filme für meine Abende an. Ich setze den Fuß aufs Trottoir: da sind die Boutiquen, die Werbeplakate der Reisebüros (wenn man auf sie hörte, reiste man nach Senegal; man würde schön hereingelegt), die Zeitungsstände, die die Titelseiten ausstellen. Ich gehe in einen Laden und finde dort alle Etiketten der Konservendosen, Konfitüren, Nudelpakete, der Ölsorten, der Buttermarken: sogar, ohne Etikett, aber um wieviel wirksamer die Schinkenschwarte oder die Salami, wozu noch der Geruch kommt.

Und warum, glauben Sie, hat diese Frau die ungewöhnliche, blonde – von beinahe dem gleichen Blond wie ihr Haar, nicht ganz, aber beinahe –, meermuschelförmig angeordnete Perücke gekauft? Warum hat jene einen Rock, der ihr Gesäß abzeichnet und jene andere das Spitzengekräusel, das um ihre Waden schäumt? Nicht zu reden von der dort, die im Café sitzt und die Beine kreuzt. Jedenfalls weiß man sehr wohl, warum dieser etwas überreife Herr seine vierundsiebzig letzten Haare mit strengem Kammstrich auf seiner Kopfhaut in eine ordentliche Reihe gebracht hat; das gleiche gilt für den Eliacin*, der bis zum Kinn unter einem Bären-

* Eliacin ist eine Figur aus der Tragödie *Athalie* von Racine. (Anm. d. Verl.)

haarwald verschwindet. Ohne so weit zu suchen, ein bestimmter Anzug von einem ersten Schneider verfolgt bestimmte Zwecke, und warum habe ich vorhin beim Aussuchen von Krawatten so lange Zeit gebraucht?

Wir haben alle immer etwas von zweifelhafter oder eindeutig schlechter Qualität, was niemand ohne Reklame kaufen würde, seien es nun Gegenstände, die wir erzeugen oder wir selbst, die wir uns gleichfalls erzeugen. Wir verbringen viel Zeit damit, auf allen Straßen in unserem Umkreis Köder auszulegen; mehr Zeit als nötig wäre, unsere Produkte oder uns selbst zu verbessern. Wir wissen undeutlich (manche wissen es ausdrücklich), daß wir selbst ausgezeichnete Menschen nicht ohne Köder annehmen. Die Weisheit der Völker, auf die wir uns immer wieder berufen müssen, sagt schon lange, daß selbst Gott Glocken nötig hat.

Die Fangnetze (die selten zu hoch gespannt sind), die Schlingen, die Garne, die Fußangeln, die Lassos verwickeln sich ineinander, behindern einander, vermischen sich, verknäueln sich, stoßen Eisen an Eisen. Und gefangen ist, wer zu fangen glaubte.

Die Kunst des Fallenstellens ist die erste Kunst jedes Lebewesens; am Leben bleibt es nur, wenn es Hervorragendes darin leistet. Machiavelli, Balthasar Gracián, bis hin zu diesem Heuchler von tückischer Katze aus der Dauphiné, Innocent Gentillet, jeder, der den Menschen kennt, schreibt Lehrbücher der Fallenstellerei. Lange vor ihnen hatte Lao-tse schon die Pläne einer Anordnung von unsichtbaren, geruchlosen, ungreifbaren und mächtigen (mit einem Wort: chinesischen) Ködern aufgestellt, die niemanden, nicht einmal die Götter, ungeschoren ließen.

Einer, der über den Bärengraben springt, schließt die Augen vor den Spiegeln am Gerät zum Lerchenfang, mißtraut jedem geknickten Zweig und ahnt den Köder unter dem leichtesten Rosenblatt, aber verwickelt sich schließlich im Altweibersommer.

Der Marschall von Sachsen pflegte hinsichtlich der Religion zu sagen: »Die Priester werden mich nicht kriegen, die höre ich auf ihren dicken Schlappen kommen, aber was Gott angeht, garantiere ich für nichts: er hat die Köder an so vielen Stellen ausgelegt, daß ich mich vielleicht, während ich Ninon umarme, an seinem Köder festhaken werde.«

Und der heilige Johannes vom Kreuz: »Der Himmel ist ein Tonnar.« (Tonnare sind große Netze, mit denen man die Thunfischbänke umschließt; man zieht sie zusammen und schlachtet die Thunfische mit einem langstieligen scharfen Messer, das sowohl an ein Beil wie auch an einen Spaten erinnert.)

Wir sind Jäger und Gejagte. Seitdem man sich im Alltagsleben der Höflichkeit weniger befleißigt, verfließt zwischen dem Augenblick, in dem wir anbeißen und dem Augenblick, in dem der Spieß uns durchbohrt, kaum mehr Zeit. Es geschieht fast augenblicklich. Kaum haben wir ins rote Tuch gebissen, da werden wir gevierteilt und wie der Frosch in den Eimer geworfen.

Von einer Frau, die alles hat, was der Mann gern streichelt, sagt man, sie sei verlockend. Für ein Buch von wenig Inhalt kann man eine gewisse Leserzahl erhoffen, sofern es einen guten Titel hat, und man macht es zu einer Ware von beständigem Absatz mit einem aufreizenden Schutzumschlag. Vor einigen Jahren war ich überrascht, in Italien im Schaufenster die

Übersetzung eines meiner Bücher, eines eher nüchternen Buches, zu entdecken, auf dessen Schutzumschlag eine nackte Frau mit schwarzen Strümpfen abgebildet war. »Worauf es ankommt«, sagte mir der Verleger, dem ich schüchterne Vorhaltungen machte, »ist, daß man es kauft. Wenn man, nachdem es gekauft ist, die nackte Frau in Ihrem Text nicht wiederfindet, so ist das unbedeutend; das Geld ist in meiner Schublade.«

Zu meiner Zeit flocht man, wenn Markt war, den Pferden buntes Stroh in die Schwänze. Dies tut man nicht mehr, weil man keine Pferde mehr verkauft, aber man streicht die Traktoren rot an. Ein Vertreter für landwirtschaftliche Maschinen sagte mir, er verkaufe zehnmal so viele von den rotgestrichenen. Dann, als die Vorliebe für Rot ziemlich allgemein geworden war, zeigte er violette, auf die sich alle Welt stürzte. »Ich habe hervorragende«, sagte er mir, »die ich nicht verkaufe, weil sie eisengrau gestrichen sind und weil der Hersteller nichts davon hören will, die Farbe zu ändern.« Und er fügte hinzu: »Er wird sich dazu verstehen müssen.« Tatsächlich wurden sie nach einiger Zeit kanariengelb übertüncht. Diese Farbe wirkte Wunder.

Ich habe erlebt, daß Filmprojekte, die Geldmittel in Höhe von mehreren hundert Millionen erforderten, realisiert wurden (und zwar schnell) aufgrund der Namen von Schauspielern oder Regisseuren, die in Mode waren. Um die Filmstory kümmerte man sich zu allerletzt, und wenn man, nachdem man sich der »Namen« versichert hatte, keine Story hatte, drehte man trotzdem, gleich was und gleich wie. Die Hauptsache war, eine »Attraktion« zu besitzen. Diese Art des Vorgehens erwies sich als sicherer einträglich als die, welche auf den ersten Blick logisch erscheint, sich zunächst mit dem Auszusagenden zu beschäftigen. »Was man erzählt«, sagte mir ein Produzent, ein Milliardär, »ist von keinerlei Bedeutung. Von Bedeutung ist die Figur, der Mann oder die Frau, die ich photographieren werde. Es ist nicht unerläßlich, daß ich ein Meisterwerk zur Verfügung habe, besser ist es sogar, ich habe keines. Ich kann es mir dann leichter leisten, diesen im Dreiviertelprofil und jene von vorne zu zeigen (das sind die Situationen, die das Publikum bevorzugt). Ich möchte lieber, daß meine »Namen«, als daß Ihre Meisterwerke in den Zeitungen von sich reden machen; selbst wenn es aufgrund eines Skandals ist, besonders wenn es sich um einen sexuellen Skandal handelt. Ich lege keinen Wert darauf, in der Nachwelt lebendig zu bleiben, ich lege nur Wert darauf, daß meine hundert Millionen sich in drei Monaten verzehnfachen. Und alles übrige ist wirklichkeitsfremd.«

Die UdSSR, China, Cuba, die USA, Rumänien, Bulgarien (und morgen die Staaten Schwarzafrikas) schicken uns Tänzer, Athleten, Ballette, Zirkusse, Balalaikamusik und Volksmusik von der allerbesten Sorte. Die Tanks und die Seitengewehre werden erst hinterher eintreffen. Zuerst sollen wir uns vom Tutu der Tänzerin ködern lassen, angesichts des fliegenden Trapezes in Geschrei ausbrechen, in Entzücken geraten über die Tiefe, die der Bassist erreicht, zuerst soll uns der Atem stocken beim Contra-C.

Seine Wunden lecken, das bedeutet, seine Illusionen verloren haben. Man verliert sie nie alle.

Son Sardina, 23. September 1963

Ich las gerade den Bericht von einer Flucht aus einem Konzentrationslager. Die Flüchtlinge nehmen sich vor, ganz Sibirien zu durchqueren und sich dann nach Indien zu wenden. Im Verlauf dieses langen Marsches ist Essen das Problem. Mit Ausnahme einiger seltener Male, wo sie, sehr weit von ihrem Ausgangspunkt entfernt, ein paar mongolischen (sehr armen) Hirten begegnen, ernähren sie sich von abscheulichem Schmutz. Es geht nicht darum, eine Wahl zu treffen, sondern darum, (buchstäblich) alles zu verschlingen, was eßbar sein kann und besonders Fleisch gleich welcher Art, das sie fast lebend konsumieren. Alles muß daran glauben, von der Schnecke, dem Regenwurm, der Ratte (einem erlesenen Essen), die lebend zerrissen und in aller Eile mit der Haut verspeist wird bis hin zur Raserei, die sie über (kleine) Bären, Füchse, Wildkatzen, kranke Vögel, darunter von Aas vollgefressene und daher flugunfähige Raubvögel herfallen läßt und, in der Wüste Gobi, Schlangen, namentlich dicke schwarze, die anscheinend besser schmecken als die kleinen roten.

Hauptsache, sie bleiben am Leben und bei Kraft, um den Fluchtversuch fortsetzen zu können. Nicht diese Flucht interessiert mich, es interessiert mich zu erfahren, daß man von Ratten, Geiern, Regenwürmern, Schnecken leben kann. Wenn man darüber nachdenkt, liegt in dieser Feststellung sowohl die Hölle als auch das Paradies.

Wir alle können in eine solche Notlage geraten. Die Seele meiner Flüchtlinge scheint sich dadurch nicht gewandelt zu haben. In diesem Punkt sind Materie und

Geist demnach durchaus uneins. Es handelt sich einfach darum, den Brennstoff, der sie in Gang setzt, in die Maschine einzuführen. Nicht mehr das Auge oder der Geruchssinn oder die Geschmackspapillen treffen eine Wahl: sobald der Brennstoff von der Magenschleimhaut und vom Magensaft angenommen wird, ist die Affäre augenblicklich perfekt und abgeschlossen.

Ich selbst habe in Verdun vor der Batterie des Krankenhauses nach fünf oder sechs Tagen ohne Versorgung wie meine Kameraden meine Magenkrämpfe mit kleinen Erdklümpchen beschwichtigt. Hier war das Mittel um auszuhalten noch reiner: die Erdklümpchen hatten keinerlei Nährwert, sie verhalfen nur zur Illusion, gegessen zu haben. Nach meiner Erfahrung zu urteilen, scheint es durchaus, daß diese Illusion für gewisse Zeit genügt. Wir erheben uns fast zur Ernährungsweise der Götter, mit der Einschränkung, daß man nicht lange ein Gott zu sein vermag.

Man folgt den Flüchtlingen nicht bis zu dem Moment, da sie in die Welt zurückkehren, wo jeder jederzeit ein Beefsteak mit Pommes frites oder sogar eine Seezunge nach Müllerinart bestellen kann. Der Bericht verläßt sie an der Schwelle Indiens, wenn sie auf der anderen Seite der tibetanischen Fahrrinnen die ersten roten Gewänder bengalischer Lanzenreiter gewahren. Von dort an wäre es indessen von Interesse gewesen zu erfahren, wie und auf welche Weise die Änderung der Ernährung vonstatten gegangen ist. Denn der erzwungene lange Fußmarsch vom Polarkreis bis zu den Ausgängen Nepals hatte, wie es scheint, vierzehn Monate gedauert, und abgesehen von einigen Schalen saurer Milch, die sie auf der Höhe von Ulan-

Bator genossen, sind diese drei Männer in den vierzehn Monaten nur vom Regenwurm über die Schlange auf die kranke Ratte gekommen; die gesunde Ratte war zu lebhaft und zu widerspenstig, um ihnen in die Hände zu fallen. Plötzlich stehen sie vor (male ich mir aus) Ziegenkeulen mit Curry oder vor mit Datteln gefüllten Kaschmirkarpfen oder Gänsen oder sagen wir sogar – obwohl es auf den ersten Blick nicht so scheint, als sei das ein spezifisch indisches Gericht – Kutteln nach Art von Caen. Was wird geschehen? Die werden, antworten Sie mir, »sich den Bauch vollschlagen«. Ich zweifle nicht daran. Und ich bin entzückt darüber, daß nichts weiter geschieht, denn ebendiese Gleichgültigkeit der Maschine (was Eßbares betrifft) interessiert mich ja.

Nehmen wir (ich war im Begriff zu sagen, einen Staatschef!, doch so hoch hinaus wollen wir nicht), nehmen wir einen Prominenten; seine Achtbarkeit, seine Ehre, seine Redlichkeit funktionieren beim Regenwurm ebensogut wie beim Schmorbraten. Welch eine Lektion! Nicht nur ist es nicht mehr möglich, an den König des Universums zu glauben, sondern überdies finden die Heuchelei, die Lüge, der Haß, die Eifersucht, die Grausamkeit, mit einem Wort die menschliche Natur ihre Erklärung. Sie ist nicht dazu angelegt, mit einem stark oktanhaltigen Benzin zu funktionieren, das schlechteste Masut* läßt ihr Herz sehr gut schlagen. Sie ist ein robuster Motor, kein delikates, zu Hochleistungen bestimmtes Instrument. Eine im Hinblick auf subtile Beanspruchung konstruierte Maschine muß mit immer reinerem Benzin

* Rückstand der Petroleumsdestillation. (Anm. d. Verl.)

genährt werden, damit ihre Räder mit größter Leichtigkeit ineinandergreifen können, damit sie von jeder Verschmutzung frei und ihre ganze Kraft für die Heldentat, für die sie bestimmt ist, verfügbar bleibt. Wenn sie mit Masut (oder jedenfalls ebensogut mit Masut) funktioniert, dann, weil sie sparsam und eine grobe Konstruktion ist, und weil die Resultate nicht millimetergenau sind, weil sie, komme was da wolle, recht und schlecht läuft und x-beliebiges produziert.

Gewiß, da wir es sind, die es produzieren, halten wir dieses x-beliebige für das Schönste und Subtilste auf der Welt. Ich höre schon den Chor der großen Langweiler: nennen Sie etwa unsere medizinischen, unsere chirurgischen, philosophischen, geologischen, kosmischen, hanseatischen, pyrischen Entdeckungen und sonstigen wissenschaftlichen Wundertaten x-beliebig? Nennen Sie Großzügigkeit, Größe, Edelmut, Ehrlichkeit, Brüderlichkeit, Wahrheit, Tugenden, denen wir (wie man weiß) alle unsere Taten unterordnen, x-beliebig? Nennen Sie unsere gesellschaftliche Lebensweise, unsere Höflichkeit, unsere Zuvorkommenheit, unsere Rechtsstaatlichkeit, unsere Polizei, unsere Rücksicht auf den Mitmenschen, unseren Opfergeist, unsere Hingabe, unsere Beamtenschaft, unsere Sozialreformen x-beliebig? Und schließlich, nennen Sie unsere Laster und unsere Fähigkeit, Schlechtes zu tun und etwas schlecht zu tun, schlichtweg x-beliebig? Da müßten Sie aber sehr naiv sein. Es gibt sowohl in Paris wie in den abgelegensten Kantonen, unter den Dächern der Großen nicht weniger als unter den Lumpen des Pennbruders, in der Seele des Aristokraten – des Fürsten – sowohl wie in der des marxistischen Proletariers eine natürliche Neigung zum Bösen, die an Macht, an Geschicklichkeit, an List, an Geduld und an Frechheit die von uns gewöhnlich dem Herzen der Götter zugeschriebenen Regungen übertrifft. All das scheint Ihnen x-beliebig zu sein? Und wenn es ebensogut mit Regenwürmern wie mit Fasanen funktioniert, so ist eben das der Beweis dafür, daß es dazu gemacht ist, was auch geschehe, die Vorherrschaft des Geistes über die Natur zu sichern und auszuüben.

Der Hochmut kann nicht anders sprechen. Was mich betrifft, der ich nicht sonderlich stolz darauf, übrigens auch nicht beschämt darüber bin, ein Mensch zu sein, so halte ich eine andere Überlegung für möglich. Alles verläuft so, als ob (um die Beschwörungsformel der Naturwissenschaften anzuwenden) dieser Organismus, der mittels allem und jedem funktioniert, lediglich »zu dem Zweck« geschaffen sei, mittels allem und jedem zu funktionieren, »zu dem Zweck«, jegliche Materie umzuwandeln – ausgenommen selbstverständlich die Gifte, deren Umwandlung das Los anderer Organismen ist. Das klingt weniger schmeichelhaft als die vorangegangene Erklärung, aber ich sehe keinerlei Veranlassung, mir zu schmeicheln, überhaupt zu schmeicheln. Wenn wir uns in aller Demut auf diese Interpretation einlassen (nicht endgültig, so viel verlange ich nicht), lange genug, um einen Blick darauf zu werfen, erblicken wir einen komischen Planeten. Und warum sollte er nicht von solcher Komik sein?

Die Rolle des Tierreichs bestünde demnach lediglich darin, Materie umzuwandeln, wie es auch die Rolle des Pflanzenreichs wäre, dies zu tun und wahrscheinlich (in einem langsameren Rhythmus) die des Mineralreichs.

Schluß mit den großen Ideen vom Menschen, dem König der Schöpfung, Träger einer unsterblichen Seele, ausersehen zu ewigen Paradiesen und Höllen (was im übrigen von einem unsinnigen Dünkel zeugt) und besonders zu einem Gericht, sogar einem jüngsten. Nutzlos die haarspalterischen psychologischen Auseinandersetzungen à la Dostojewski, die öffentlichen Bekenntnisse und die Gewissensbisse. Der Mensch ist, wie das ganze übrige Universum, eine simple, Materie umwandelnde Maschine. Er ist von dieser Materie abhängig, er lebt von dieser Umwandlung, er wird selbst zur Umwandlungsmaterie, wenn er seine Rolle beendet hat.

Diese Betrachtungsweise hat etwas Rundes, was einen Geist bestimmter Art befriedigt. Man wird mir entgegnen, daß es einen Geist von bestimmter anderer Art erschreckt. Erschreckt sie ihn nicht deshalb, weil er die Sünde des Stolzes begeht (eine Todsünde)? Die besten Geister werden sagen, daß dann alles erlaubt und die Welt entsetzlich ist. Gibt es für die Gewitzten denn wirklich so viele verbotene Dinge? Und die Welt der unsterblichen Seele, das heißt die Welt, in der wir leben, erscheint sie uns so friedvoll, wenn wir sie illusionslos betrachten?

Son Sardina, 27. September 1963

NACHBEMERKUNG DES VERLAGS

Während seiner Schriftstellerlaufbahn und bis zu seinem Tode hat Jean Giono der Presse Texte gegeben. Sie gehen in die Hunderte. Vornehmlich in den letzten Lebensjahren schickte er regelmäßig Artikel an eine Agentur, die dann die großen regionalen Tageszeitungen belieferte. Diese in aller Freiheit geschriebenen Texte stellen einen sowohl weisen als auch schalkhaften Kommentar der Tagesereignisse dar. Manchmal beschwört der Autor eine Erinnerung, doch kommt es auch vor, daß er uns auf wenigen Seiten einen ganzen kleinen Roman zu erzählen scheint. Es war seine Absicht, diese Texte in Buchform zu veröffentlichen. Das geschieht hiermit. In der Tat finden sich in ihnen die gleichen Eigenschaften wie in Gionos berühmtesten Werken. Wann immer er schreibt, ist er völlig er selbst, mit allen seinen Gaben präsent, vor allem seiner anstekkenden Leidenschaft für die Jagd nach dem Glück.

Dieser Band umfaßt die Beiträge aus den Jahren 1962 und 1963.

INHALT